Jeanne Ruland
Anita Schickinger

Sonne – Venus – Mond auf Erden

Der Paradiescode im Menschen

LEBENSRAUM
VERLAG

ISBN: 978-3-903034-92-1

1. Auflage April 2018

Gestaltung & Grafik: Stephy Brennsteiner, Lebensraum Verlag

Lektorat: Hannes Rohringer

Bildnachweis: IStockphoto

www.lebensraum.center

Widmung

Wir widmen dieses wundervolle Kartendeck den Kräften der Sonne, des Mondes und der Venus, also den kosmischen Kräften im Universum und im Menschen, dem Paradiescode in uns. Möge die Venus in uns vollständig erwachen.
Möge dieses Kartendeck der tiefen Erkenntnis der unsterblichen Seele dienen.

Wir sind nicht ein Tropfen in einem Ozean, wir sind ein Ozean in einem einzigen Tropfen. (Rumi)

Das Universum ist in uns. Jeder von uns ist in der Lage, diese Welt zu verändern.
Wir sind die Schöpfer einer neuen Realität und in der Lage, das Paradies auf der Erde wiederzuerwecken.
Das Paradies ist kein Ort im Himmel, es ist ein Zustand in uns.

Segen über Segen

Inhalt

Einleitung

Sonne – Venus – Mond auf Erden, das ist das schöpferische Werden. Vertraue auf das Licht im Herzen der Liebe, in das Tiefe uralte Wissen deiner Seele. Erlaube, dass sich der Lotus aus dem Schlamm der Vergangenheit in das Licht des neuen Morgens erhebt, und das Juwel im Lotus, das du bist, erblühen kann. In diesem Set wollen wir euch an den Paradiescode im Menschen erinnern. Alles ist bereits in uns. Wenn Geist und Seele im Herzen verschmelzen und wir aus dem Herzen leben, dann können wir das Paradies wieder auf Erden errichten. (Jeanne Ruland)

Sonne, Mond und Venus spielen seit Anbeginn des menschlichen Lebens eine wichtige Rolle in den Schöpfungszyklen.

Der Mond ist seit jeher das Symbol des Urweiblichen. Er ist das nährende, mütterliche, versorgende, intuitive, allumfassende Prinzip. In ihm verkörpert sich die universelle Mutter. Mutter Maria, die große Mutter in ihren vielen Ausdrucksformen. Ihr nährender Busen sind die Quellen, die sich in Flüsse verwandeln und das Land fruchtbar machen. Der Mond beeinflusst das Wasser und wandelt in zyklischen Verläufen. Der Mond ist die unbegrenzte Kraftquelle der Seele, die mit allem verbunden ist.

Die Venus wurde in vielen Kulturen verehrt, da sie das dritthellste Himmelsobjekt neben Sonne und Mond ist. Die Venus wurde in alten Kulturen hoch verehrt. Im alten Babylon war sie die Göttin Ishtar, die Göttin der sexuellen Liebe und des Schutzes. Ihr Symboltier ist der Löwe. In Griechenland kennen wir sie als Göttin Aphrodite. Sie ist in Maria Magdalena verkörpert, welche die erste Blume im Garten der Auferstehung ist. Sie führt uns in den Garten der Liebe und der Auferstehung. Sie verkörpert die Einheit von Seele, Geist, Herz und Körper, Sexualität und Spiritualität. Durch die Einheit in der Liebe kann die Harmonie in allen Bereichen des Lebens wieder hergestellt werden. Venus erschien immer während der Morgen- und Abenddämmerung, dann, wenn Geist und Seele ineinander fließen und sich die Tore in das Herz des Kosmos öffnen. Sie symbolisiert den Übergang vom Blick in den Himmel in die Weiten des Universums und den Moment der Einheit zwischen Licht und Liebe, die sich auf der Erde als große Kräfte in Geist und Materie vereinen und manifestieren. Die Venus läutet im großen Kreislauf in den zwei Äquinoktien, Frühlings-Tag-und-Nacht-Gleiche 20 / 21. OSTARA, das Licht des Himmels und der Fruchtbarkeit und die Herbst-Tag-und-Nacht-Gleiche, das Licht der Erde. Die universellen Feste der Erde richten sich am Universum aus, an dem Stand von Sonne, Mond und Venus (Sternen).

Die Sonne bewegt sich über den Himmelsbogen in vollständiger Harmonie, um immer wieder das Gleichgewicht und die Balance zwischen den großen Kräften des Universums zu bringen, nicht nur auf der Erde und in der Natur, sondern auch in uns Menschen. Im kosmischen Zyklusverlauf ist es die Venus, die große und neue Zyklen ankündigt. Die Tag-und-Nacht-Gleiche bewegt sich alle 72 Jahre um 1 Grad durch den Tierkreis. In 25 920 Jahren werden alle Sternbilder des Osthorizonts durchlaufen. Wir sind am Ende des Fischezeitalters und mit dem 21.12.2012 in das Wassermannzeitalter eingetreten. Es ist höchste Zeit, den Paradiescode in uns zu erwecken und die schöpferischen Kräfte im Einklang mit uns selbst zum Wohle des Gesamten und im Einklang mit dem Universum anzuwenden.

Die Venus verbindet uns mit dem Herzen der Spiralgalaxie und hilft uns beim Erwachen in den kosmischen Menschen. Wir sind Kinder des Kosmos und mit Sonne, Mond und Venus erhalten wir den Schlüssel zu unserem Heim im Kosmos und damit in den Paradiescode. Auf diese Weise können wir durch unser wahres Sein als geistig - seelische- Wesen Segen, Licht und Liebe aus uns selbst heraus auf die Erde bringen.

Sanat Kumara und Lady Venus sind die Begründer von Shambala als Reich der Mitte und des Gleichgewichtes. Shambala erinnert den Menschen an das Leben aus dem Herzen, das Leben aus der Mitte, damit der Mensch im Frieden und in der Liebe vollständig erwachen kann. Der Mittlere Weg - aus dem Herzen leben - ist der Weg in eine neue Zeit. Die Venus in Verbindung mit dem Mond öffnet uns für die Liebe zu uns selbst, für die Reflexion der Liebe auf Erden. Der Mond steht in Verbindung mit den Ozeanen. So führt sie uns zurück in den Ozean der Liebe und in die Freude des Daseins. Die Sonne als Lebensspenderin ist das Licht, das alles beleuchtet und die Dreiheit in der Einheit vollendet.

Gott Vater, Mutter und Kind in einem, Gott Vater, Mutter und Kind in mir. Ich vertraue auf meine innere Führung. Ich lebe aus dem Herzen, um das Licht zu bringen. Denn ich bin das Licht dieser Welt.

Sonne, Venus und Mond sind die Verbindung, die die Urkräfte in uns in allen Ebenen vollständig erwecken und damit der Paradiescode in uns. Indem wir in die Einheit, in das Paradies in uns zurückkehren, kann es sich auf der Erde wieder spiegeln. Verbinde dich mit dem Mond, mit der Kraft deines Unterbewusstseins, lasse die Venus im Herzen erstrahlen und folge der Liebe in dir. Die Sonne hebt alle Kräfte in ein neues Bewusstsein und erleuchtet uns, sodass wir im Einklang mit unserer Seele eine neue Zeit des Friedens einleiten können. In diesem Kartendeck wollen wir die Kraft von Sonne, Mond und Venus beleuchten und den Paradiescode der Schöpfung in uns vollständig aktivieren. Wir wünschen euch viele wundervolle Erkenntnisse, den Zugang zum Universum und die Entfaltung des Planes, nach dem wir angetreten sind. Mögen Sonne, Mond und Venus euch allzeit führen und euch an die Harmonie und die göttlichen Kräfte des Universums in allem erinnern.

Segen über Segen
Jeanne Ruland und Anita Schickinger

Vorbereitung

Du kannst eine Kerze oder drei Kerzen entzünden, silberblau oder türkis für den Mond, gold für die Sonne und rosa für die Venus. Stimme dich auf den Kosmos ein.

Formuliere zuerst deine Frage, dein Anliegen. Wenn du ein Reading gibst, so bitte dein Gegenüber, dir seine Frage oder sein Thema mitzuteilen. Denke an die Frage, während du die Karten in deinen Händen hältst. Verbinde dich auf deine Weise mit Sonne, Mond und Venus. Nimm alle in deine linke Hand (die linke Hand kommt von Herzen) und halte sie an dein Herz.

Mache dir für einen Augenblick die Heilige Familie, Gott Vater, Mutter und Kind in einem bewusst. Fühle die dreifältige Flamme in deinem Herzen. Ein Weg wäre, folgende Worte zu sprechen: »Ich danke und bitte um Hilfe und Unterstützung dabei, mein derzeitiges Thema zu erkennen, zu beantworten und in die Hände des göttlichen Lichtes zu geben.« Berühre mit deiner Hand den Geist die Sonne, das Herz die Venus und den Bauch den Mond. Welche der drei Ebenen braucht jetzt einen Impuls?

Auf diese Weise kannst du entscheiden, ob du eine Karte für das Unterbewusstsein (MOND), für die Liebe (VENUS) oder für das Licht (SONNE) ziehen oder für alle drei oder drei für ein Feld ziehen möchtest.

Sprich deinen Wunsch, dein Anliegen in die Karten. Du kannst die Karten dafür dicht an deinen Mund halten und deinen Wunsch bzw. dein Anliegen in sie hineinflüstern.

Nimm Kontakt mit jeder einzelnen Karte auf. Du kannst dir Zeit nehmen und jede Karte betrachten. Vielleicht fällt dir dabei schon eine ganz besonders ins Auge. Dann mische die Karten. Wenn dabei eine einzelne aus dem Deck fällt, so ist dies eine Botschaft des Kosmos an dich. Du kannst die Karten auch wie einen Fächer ausbreiten. Vertraue auf deine Intuition und achte auf die Zeichen: Wenn du mit deinen Händen über die aufgefächerten Karten gehst und Wärme, ein Kribbeln, einen besonderen Energiestrom oder ein Stopp fühlst, so ruft dich diese Karte.

Eine Karte ziehen
Du kannst eine Tageskarte, eine Wochenkarte oder eine Karte über einen von dir gewählten Zeitraum ziehen. Stelle sie an deinem Arbeitsplatz gut sichtbar auf und lasse sie im Laufe des Tages immer mal wieder auf dich wirken.

Eine Karte für Sonne, Venus und Mond ziehen.
Bilde drei Stapel für Sonne, Venus und Mond und wähle aus jedem Stapel eine Karte. Im Gesamtbild ermöglicht sich oft ein tiefer Blick in die Seele. Beachte das Gesamtbild und die Gesamtbotschaft.

Weitere Anwendungshinweise

1. Die Texte des Begleitbüchleins geben dir über den Kartentext hinaus wertvolle Impulse. Falls du mit der Karte, die du gerade gezogen hast, noch nicht so sehr vertraut bist, lies zuerst den Punkt »Hintergrund«. Hier erhältst du einige grundlegende Informationen zum Thema der Karte.

2. Mehrere Karten ziehen:
Die Karten können auch in Kombination angewendet werden und auf diese Weise ganz neue Räume und Möglichkeiten eröffnen. In der Kombination von zwei bis drei Karten ergeben sich unerwartete Botschaften.

3. Ergänzung zu anderen Kartensets:
Du kannst die Sonne, Mond und Venus-Karten ergänzend zu anderen Kartensets verwenden. Jede andere dir bekannte Legemethode ist mit diesen Karten möglich.

4. Die Wirkung
Du kannst dich in der Meditation mit der Energie der Karte verbinden. Fühle ihre unermessliche Liebe und Unterstützung, wo immer du bist. Manchmal geschieht eine ganz individuelle Bewegung in unserem Feld oder es tritt ein AHA-Effekt ein. Probiere es aus.

5. Reinigung der Karten:
Wenn du die Karten an andere Menschen weitergereicht oder sie in Gruppen verwendet hast, so ist es empfehlenswert, sie nach der Anwendung wieder an dein Herz zu nehmen und dich mit ihnen zu verbinden. Du kannst symbolisch für die Reinigung kräftig über die Karten pusten oder dreimal auf sie klopfen und dir dabei vorstellen, wie alles, was noch in den Karten hängt, sich löst und verfliegt. Dann kannst du sie noch einmal an dein Herz halten, danken und die Karten segnen.

Bedeutung der Karten

1. Sonne

SELBSTWERT, CHARISMA

„ICH BIN LICHT VON LICHT"

Kleine Meditation

Spüre in dich hinein. Wo nimmst du den hellsten Lichtpunkt in dir wahr? Verstärke diesen Lichtpunkt durch die Atmung. Mit jedem Atemzug atmest du Licht aus dem Kosmos ein und mit dem Ausatmen dehnst du das Licht in dir und um dich herum aus. Das Licht in dir wird immer mehr zu einer hellen, warmen, strahlenden Sonne. Du trittst ein in den goldenen göttlichen Kreis und kommst ganz in deine Mitte. In deinem Zentrum angelangt, strömt das segnende gleißende Licht wie die Strahlen der Sonne in alles hinein, womit du sichtbar und unsichtbar verborgen verbunden bist. Verweile in deinem Zentrum. Segen fließt aus den höchsten Ebenen. Es werde Licht.

Bedeutung der Karte

Die Sonne ist der Inbegriff des Lichtes. Sie wurde in allen Kulturen hoch verehrt. Sie steht für die Erleuchtung, die Strahlkraft, das Zentrum, das Licht in allem. Sie lädt auf, regt zum Wachstum an und hilft dir über dich und bestehende Situationen hinaus zu wachsen. Richte dich im Lichte aus. Lade dich auf und bewege dich über deine Ängste hinaus in die Ewigkeit. Du kannst alles meistern, wenn du dich für die Sonnenkraft im Leben öffnest. Erzeuge ein positives, stabiles, leuchtendes, kraftvolles Gefühl in dir, das dich von innen führt und leitet und dir neue Wege eröffnet. Welches Licht blendet dich? Welches Licht belebt dich?

Positiv: Strahlkraft, Heilkraft, Zuversicht, Licht, Lösung, Kreativität, Mitte, Charisma

Negativ: Verblendung, das eigene Licht nicht anerkennen, Ego statt Selbst

Affirmation: Im Zentrum meines Seins leuchtet ein strahlendes, helles, ewiges Licht - weit, warm, klar und rein. Ich bin Licht von Licht. Strahlendes Licht.

2. Venus

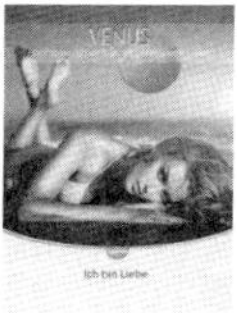

HARMONIE, SCHÖNHEIT,
ALLUMFASSENDE LIEBE

„ICH BIN LIEBE"

Kleine Meditation

Ich lege meine Hände auf mein Herz. Ich atme in mein Herz. Ich nehme einen klaren See wahr. Das rosa-gold schimmernde Licht der Venus spiegelt sich auf dem Wasser. Lotusblüten befinden sich getragen vom Wasser auf der Oberfläche. Ich denke mit dem Einatmen „Licht" und mit dem Ausatmen „Licht dehnt sich aus". Ich spüre, wie der Lotus in meinem Herzen sich weit öffnet und den Blick auf den Juwel im Lotus frei gibt. Der Juwel im Lotus beginnt immer mehr zu leuchten und dehnt sich immer mehr aus. Wärme, Harmonie und Frieden breiten sich aus. Ich spüre das Erwachen meines wahren Wesens, das Juwel des Lotus in meinem Herzen. Meine Seele beginnt zu leuchten. Der See lichtet sich. Das Wasser wird immer klarer und reiner. Ich kann bis auf den Urgrund schauen und die unermesslichen Schätze entdecken, die darauf warten, von mir geborgen zu werden. Danke !

Bedeutung der Karte

Die Venus ist der hellste Stern am Himmel. Sie ist der Morgen- und der Abendstern. Ihr Licht bringt Balance, Harmonie und Ausgewogenheit. Begib dich in dein Herz. Bringe deinen Geist und deine Seele in Harmonie. Wo dürfen mehr Balance, mehr Gleichgewicht und Ausgleich in deinem Leben geschehen? Verbinde dich mit der Kraft der Venus. Was in deinem Leben darf mehr erblühen? Was in deinem Leben darf gehen? Was bringt dein Herz zum Singen? Was möchtest du auf kreative Weise in deinem Leben ausdrücken oder zum Ausdruck bringen? Was ist wichtig, damit du in dir in Balance und im Gleichgewicht bleibst? Was braucht mehr Liebe und Aufmerksamkeit in deinem Leben? Nimm dir Raum für dich selbst und bringe dich in die Balance.

Positiv: Liebe, Balance, Gleichgewicht, Schönheit, Harmonie,

Fülle, Weite, Herz, Kreativität, Anziehungskraft, Heilung, Erblühen, Erwachen

Negativ: Kampf um Liebe, Mangel, Besitz, Eifersucht, Neid, Süchte, Abhängigkeiten

Affirmation: Die Mitte fühlt sich leicht an. Ich folge der Liebe in mir, in Leichtigkeit und Freude. Ich lebe meine schöpferischen, kreativen Kräfte.

3. Mond

INTUITION - INNERE FÜHRUNG

„ICH BIN GRENZENLOSE QUELLE“

Kleine Meditation

Ich lege meine Hände auf meinen Bauch. Ich verbinde mich mit dem silbernen und bläulichen Licht des Mondes. Ich atme silbernes Licht in mich hinein und mit dem Ausatmen dehne ich es in mir und um mich herum aus. Ich spüre, wie ich mich mehr und mehr in mich hinein entspanne, wie der Raum in mir weiter wird und heller. Die unbegrenzte Kraftquelle in mir beginnt zu sprudeln im reinsten Lichtwasser. Ich kann tief auf den Urgrund meiner Seele schauen. Was ist versunken, was schlummert in mir? Was möchte heilen, was möchte entdeckt und geborgen werden? Ich lasse die nächsten Impulse aus der Tiefe meines Seins wie Wasserblasen in mir aufsteigen. Ich vertraue meinem Gefühl, auch wenn ich es nicht erklären kann. Meine Intuition ist klar und führt mich sicher auf meinem Seelenweg.

Bedeutung der Karte

Der Mond scheint auf deinem Weg, um dich von deinem Kopf in den Bauch zu führen. Der Mond zeigt den Weg der Seele, die Verbundenheit mit dem Universum und verstärkt das Wasser und das fühlende Prinzip in uns. Er hilft uns, die Zyklen und die Phasen der Schöpfung zu beachten und im Einklang mit dem schöpferischen Werden und Vergehen zu wirken. Im Einklang mit dem Mond können wir Dinge in das Leben rufen, Dinge umwandeln und wieder auflösen. Beachte die Mondzyklen und den richtigen Zeitpunkt. Lege heute immer wieder die Hand auf deinen Bauch. Atme tief in dich hinein und erlaube dir zu fühlen. Was fühlst du? Wie fühlt sich eine Situation an?

Positiv: Fühlen, Vertrauen, Schöpferkraft, Seelenwege, Geschützt und Geborgen, empfangend, sensibel, empfindsam, zart
Negativ: Zwielicht, Verwirrung, Projektionen von eigenen Ängsten und verdrängten Geschichten..
Affirmation: Ich vertraue meinen Eingebungen. Meine Intuition ist stark, hell und führt mich auf meinem Seelenweg. Ich bin zur richtigen Zeit am richtigen Ort, um das Richtige zu tun. Ich bin verbunden mit allem Sein.

4. Das magische Dreieck

SONNE, MOND, VENUS - DREIFALTIGKEIT
„ICH BIN EIN KIND DES UNIVERSUMS"

Kleine Meditation
Lege eine Hand auf deinen Bauch. Atme das blau-silberne Licht des Mondes zum Bauchnabel ein und spüre Schutz, Entspannung, die Verstärkung der Intuition und Geborgenheit in dir. Lege eine Hand auf dein Herz, atme das rosa-orangene Licht der Venus in dein Herz. Spüre die Zartheit, Liebe, Lebensfreude und die Lebenskraft in dir. Lege eine Hand auf die Stirn. Fühle die Sonne im Zentrum deines Kopfes. Das Licht der Sonne breitet sich aus. Es fließt in dein Herz, in deinen Bauch und vereint alles in dir. Die Tür in das Paradies öffnet sich. Du trittst ein. Fülle, Freiheit, Glück, alles ist bereits in dir. Sonne, Venus, Mond, die drei Zentren der universellen Kraft werden eins und erleuchten dein ganzes Sein. Die Trinität des Seins, ein Universum in dir.

Bedeutung der Karte
Sonne, Mond und Venus erinnern dich an die Trinität, die im

Einklang schwingen sollte, wenn du schöpferisch tätig wirst. Das Licht der Sonne, das Licht des Mondes und das balancierende Licht der Venus sind dein Weg auf Erden. Licht und Liebe auf der Erde leben und deinen Seelenweg durch die innere Führung entfalten. Beachte die Trinität in dir. Spüre heute immer wieder in deinen Bauch, dein Herz, deinen Geist. Nimm dich ganzheitlich in Körper, Geist und Seele wahr. Wenn du dir in einer Entscheidung nicht sicher bist, so schlafe eine Nacht darüber. Vertraue auf dich selbst.

Positiv: Balance in Körper, Geist und Seele, Einheit des Seins, Frieden, Entspannung, Sein
Negativ: Stolz, Vorurteile, Narzissmus, Selbstüberschätzung, Egozentrierung
Affirmation: Sonne, Venus, Mond sind eins in mir. Ich bin ein Kind des Universums und öffne meine Heimat in der Einheit allen Seins.

5. Die inneren Planeten

SONNE, MERKUR, VENUS, MOND, ERDE

SCHÖPFERISCHE KRÄFTE SIND IN MIR. ICH WENDE SIE IM EINKLANG, MIT DER GÖTTLICHEN ORDNUNG UND KOSMISCHEN HARMONIE AN.

Kleine Meditation – Inneres Alignment
Was ist deine Frage? Was ist dein Anliegen? Was ist dein momentanes Thema? Formuliere dieses, bevor du in die Meditation gehst und alle Ebenen in dir abgleichst. Sonne, Merkur, Venus und Mond sind die inneren Planeten. Sie sind die Planeten, die von der Erde zur Sonne zeigen. Verbinde dich zuerst mit der Sonne, mit deinem höheren Selbst, mit dem Licht, das immer da ist. Spüre, wie ein heller, gleißender Lichtstrahl sich aus der Sonne löst und dich ganz und gar einhüllt. Atme Licht ein und mit dem Ausatmen dehnst du das Licht in und um dich herum aus. Lege nun die Hand auf dein Herz. Verbinde dich mit der Venus, dem ewigen Licht der Liebe im Zentrum deines Herzens. Lass das Sonnenlicht und das Liebeslicht in dir immer

größer werden und stelle dir vor, wie beide Lichter verschmelzen. Nun lege eine Hand auf den Bauchnabel. Spüre das silberne Licht des Mondes, das sich mit jedem Ein- und Ausatmen in dir verstärkt und das im Herzen mit dem Sonnenlicht und dem Venuslicht verschmilzt. Nun bitte Merkur, die Stimme deines Herzens laut und deutlich zu drehen und Geist, Herz und Seele vollkommen abzustimmen. Stelle deine Frage und lausche der Antwort auf Bauch-, Herz- und Geistebene.. Wenn du eine Antwort oder einen Impuls erhalten hast, dann handle hier auf Erden. Setze den Impuls um. Tu, was getan werden soll. Nimm dir immer wieder Zeit, dich auszurichten und dir Selbst zuzuhören. Hör auf dein Herz, lausche deinen Gefühlen und beachte die Impulse und Geistesblitze deines Geistes.

Bedeutung der Karte
In uns ist alles, was wir brauchen. Wichtig ist, dass wir uns in Einklang bringen mit dem höchsten Licht (Sonne, Gott und den Helfern des Lichtes, den Meistern & Engeln), der Liebe im Herzen (Venus, das weiblich empfangende Prinzip) und dem Licht des Mondes (Intuition). Dann bitten wir Merkur, der die innere Kommunikation verstärkt und ausrichtet, alle Ebenen in uns in Einklang zu bringen und der Stimme unseres Herzens (in der Licht, Liebe und Intuition zusammen fließen) zu lauschen. Manchmal werden uns auch Bilder gesendet. Es ist wichtig, alle Ebenen in Einklang zu bringen und auch alle Ebenen zu befragen. Sonne – hohes Selbst. Venus – Herz. Mond – Seele, Intuition. Segne diese Ebenen in dir und bringe sie immer mehr in Übereinstimmung. Achte in der inneren Kommunikation auf diese drei Ebenen. Wenn wir in Einklang mit uns selbst handeln, haben unsere Handlungen auf der Erde Kraft und Energie. Übe dich in der inneren Kommunikation mit dir selbst. Denn wahre Kraft kommt von innen.

Positv: im Einklang mit dem göttlichen Plan handeln, alle Ebenen abgleichen

Negativ: nicht verbunden sein, nur aus dem Kopf wirken, reagieren statt agieren
Affirmation: Ich wirke, spreche und handle im Einklang mit dem hohen Selbst, meinem Herzen und meiner Seele. Sonne, Venus, Mond und Merkur wirken im Einklang auf Erden in mir. Ich bin hier im Licht der großen Liebe.

6. Die äußeren Planeten

MARS, JUPTIER, SATURN, URANUS, NEPTUN, PLUTO - SCHICKSALSGESTALTER

ICH BIN MEIN SCHICKSALSGESTALTER

Kleine Meditation

Die sechs äußeren Planten helfen uns, auf Erden zu reflektieren, uns zu transformieren und neu auszurichten. Verbinde dich mit der Mars Energie. Handelst du im Einklang mit der Kraft von Feuer, Flamme, Licht? Wo bist du im Kampf mit der äußeren Welt und mit dir. Wofür setzt du deine Energie ein? Verbinde dich mit Jupiter, dem Planeten, der dich mit dem Glück und der Fülle verbindet. Was macht dich glücklich? Was bringt dein Herz zum Singen? Woran kannst du wachsen? Was ist deine Wachstumsaufgabe? Wo kannst du jetzt über dich hinaus wachsen? Verbinde dich mit Saturn. Spüre Ruhe, Geduld, Ausdauer und Gewissenhaftigkeit in dir. Was darf noch ausdauernder, noch konzentrierter und zentrierter angegangen werden? Wo will noch mehr Energie aufgebaut und hoch geladen werden, um den alten Energielevel zu überwinden. Was darf noch mehr und noch gründlicher geübt werden? Verbinde dich mit Uranus, dem Genie, dem schöpferischen Neuland und der Erneuerung. Wo kontrollierst du dich und andere, statt dich vertrauensvoll den Quantensprüngen, Wachstumsschüben und neuen Impulsen der Schöpfung hinzugeben? Uranus hilft dir, neue Wege zu wagen. Verbinde dich mit Neptun. Süchte, Träume und Visionen. Was hält dich ab und auf? Was bringt dich deinen Träumen und Visionen näher? Verbinde dich mit Pluto, der Transformation. Was darf JETZT abgeschlossen, aufgelöst und losgelassen werden, weil es mehr hindert als dem großen Ganzen zu dienen?

Bedeutung der Karte
Handle (MARS) für dein Glück und deinen Erfolg (JUPITER) konzentriert und ausdauernd (SATURN) in göttlicher Führung (URANUS) und Ausrichtung auf deine Träume und Visionen (NEPTUN) und lasse in der Gegenwart los, was nicht mehr dient (PLUTO). Die äußeren Planeten, von der Erde aus gesehen, dienen der Ausrichtung und dem Weg in der Reflexion mit ihnen. Hier kannst du deine Kraft und Energie auf deine Visionen und Träume ausrichten, um dein Leben lichtvoll zu gestalten und Schicksalsverläufe durch Bewusstsein zu verändern. Manchmal können schon ein Gedanke oder ein Impuls die gesamte Energie befreien und in das Glück und den Segen führen, der immer da ist. Nutze die äußeren Planeten, um dich in Übereinstimmung mit den universellen Gesetzen und der höchsten Schwingung der Freude und des Segens zu bringen.

Positv: Neugestaltung, Erkenntnis, Bewusstsein
Negativ: Verhaftung
Affirmation: Ich lasse los, ich gebe ab und bin frei in diesem Augenblick. Ich vertraue meiner inneren Führung und gehe meinen Weg im Einklang mit den schöpferischen Kräften des Universums, die mich führen und die die Planten in ihren Bahnen halten. Perfekt entfaltet sich alles. Ich bin mit Freude und Dankbarkeit erfüllt.

7. Venus am Tag

SONNE - VENUS- MOND

„HERZ ÜBER KOPF IM ALLTAG“

Kleine Meditation
Demut! Habe den Mut, den Kopf vor dem Herzen zu beugen. Lege die Hand auf dein Herz. Atme Licht ein und dehne das Licht immer mehr aus. Stelle dir einen ruhigen See vor. Sonnenstrahlen spiegeln sich im See. Stelle deine Frage und lasse Gefühle und Bilder aus dem See aufsteigen. Vertraue deinen Gefühlen und deiner Intuition. Lege heute immer wieder die Hand auf dein Herz und lausche auf dein Herz. Atme Licht ein, dehne mit dem Ausatmen die Liebe in deinem Herzen aus. Segne alles, was dir heute begegnet, in der Liebe deines Herzens. Achte auf die Zeichen der Liebe. Sprich die Wahrheit aus deinem Herzen.

Bedeutung der Karte
Venus am Tag sind die Handlungen aus der Liebe. Liebe ist immer da. Folge den feinen Impulsen und Empfindungen deines Herzens. Wenn du das Gefühl hast, jemanden anrufen zu wollen, so tue es. Wenn du für jemanden eine Kerze anzünden möchtest, so tue es. Wenn du für jemanden beten möchtest, setze es um. Das Herz spricht sanft und leise und ist verbunden mit allem Sein. Segen, Gebete, Worte und Handlungen können Leben retten und wichtige Impulse geben. Wir können immer einen liebevollen, friedlichen Weg wählen, auch wenn er manchmal etwas länger dauert. Scheue nicht, deine Hände auf dein Herz zu legen, und die Wahrheit, die du in deinem Herzen fühlst, in Worte zu kleiden. Sprich genau das aus, um was es geht. Nicht mehr und nicht weniger.

Positiv: sanft, gütig, emphatisch, friedlich, liebevoll, zärtlich, sinnlich, wärmend, schützend
Negativ: aufopfernd, sich verausgaben, grenzenlos, unklar, kann nicht nein sagen, zügellos
Affirmation: Ich bin im Schutze deiner Liebe hier. Ich vertraue der Führung aus meinem Herzen.

8. Venus in der Nacht

MOND - VENUS - SONNE

„ICH ACHTE AUF TRÄUME, IMPULSE UND EINGEBUNGEN“

Kleine Meditation

Bevor du in dein Bett gehst, schau in den Nachthimmel und nimm das Universum wahr. Verbinde dich mit der Venus in der Nacht. Tauche in deiner Vorstellun in ihre Schwingung ein. Bade in dem leuchtenden Sternenlicht der Venus. Spüre, wie sie dich mit jedem Atemzug auflädt, wärmt, einhüllt, trägt und umspielt. Welche Düfte wehen dir um die Nase, wie fühlt sich die Schwingung der Venus an? Welcher Geschmack kommt dir in den Sinn? Wo nimmst du in deinem Körper die Energie der Venus wahr? Lasse dich von ihr berühren, aufladen, erwärmen, besonders die Stellen in deinem Körper, die Liebe brauchen. Liebe ist in jeder einzelnen Zelle. Stelle dir vor, wie in ihrem Licht eine Meisterin, ein Meister der Liebe erscheint. Du wirst in ihr heiliges Zentrum geführt. Im Tempel der Venus befindet sich ein Ort der Begegnung. Du kannst dein Anliegen, deine Wünsche, das, was du auf dem Herzen hast, vortragen. Von hier aus kannst du alle Verbindungen deines Herzens und der Liebe stärken, reinigen, klären und aufladen. Während du in ihrem heiligen Zentrum verweilst, lasse dich in den Schlaf wiegen. Du wirst Botschaften in deinen Träumen oder in Zeichen am nächsten Tag empfangen.

Bedeutung der Karte

Venus in der Nacht trägt dich in die Liebespracht. Nimm dir Zeit, dich vor dem Schlafengehen mit der Venus und ihren sanften wunderschönen Lichtwesen zu verbinden. Wesen der Venus sind große Meister und Meisterinnen der Liebe, die Fähigkeiten weit über den sichtbaren Bereich besitzen. Meister und Meisterinnen der Liebe sind Lady Venus, Sanat Kumara, Mutter Maria, Maria Magdalena, Hathor und viele andere mehr. Sie können uns in der Nacht salben, heilien und anleiten, um noch mehr in der unermesslichen Liebe, aus der wir sind, zu erwachen. Sie stärken die magnetische Yin-Energie.

Hast du diese Karte gezogen, so ist dies ein Hinweis, dich vor dem Zu-Bett-Gehen mit den Meistern und Engeln der Venus zu verbinden. Neue Erkenntnisse und Botschaften der Liebe warten auf dich.

Positiv: Herzstärkung, Entfaltung, Heilung, Vergebung, Versöhnung, Potenzial, Fähigkeiten
Negativ: verführerisch, Spiel mit Liebe und den Gefühlen, nur Teilaspekte der Liebe erkennen
Affirmation: Ich bin im Schutze der großen Liebe hier. Alles kommt in die Balance, in die Harmonie und kehrt in die Schönheit und Güte des Seins zurück. Danke.

9. Venus Abendstern

BALANCE

„GLEICHGEWICHT, HARMONIE UND BALANCE SPIEGELN SICH IN MIR UND IN MEINEM LEBEN."

Kleine Meditation

Es wird Nacht. Am Himmel leuchtet ein heller Stern, der über dich wacht. Du spürst, dass es Zeit ist, dich neu auszurichten. Spüre den Strahl der Liebe, der von der Venus ausgeht, der dich umgibt und einhüllt. Fühle dich geborgen und gehalten in der Innenschau. Was darf jetzt losgelassen werden? Was darf abgeschlossen oder aufgelöst werden? Was darf vergeben und befreit werden? Welche Qualität hast du in der Begegnung entwickelt? Was war das Geschenk der Begegnung? Der Strahl der Liebe führt dich und zeigt dir Bindungen, die sich lösen wollen, da neue Wege dran sind, Energien, die abgelaufen sind, Ereignisse, die vorbei sind. Lasse dir Zeit. Spüre die Bindungen und Verpflichtungen, die dich am Weitergehen hindern. Nimm das überalterte Netzwerk wahr. Atme deine gebundene Energie dreimal über das hohe Selbst durch dieses alte Netz zu dir zurück. Alles, was du von anderen noch in dir gespeichert hast, lässt du aufsteigen und atmest es über die Verbindungen zurück, so dass ein Ausgleich der Energien geschehen kann. Nimm wahr, wie ein Lichtwesen der Liebe beginnt, die verwelkten, überflüssig gewordenen Verbindungen sanft aus deinem Energiefeld und aus anderen Energiefeldern zu lösen, so dass alles frei werden kann. Spüre, wie alles sich neu ordnet und ausrichtet in dem heiligen göttlichen Feld. Lasse geschehen und bedanke dich. Erlaube, dass alte Wunden gesalbt und geheilt werden und Lücken sich schließen. Sei frei, neue Wege und andere Erfahrungen in der unermesslichen Liebe für dich zu wählen.

Bedeutung der Karte
Im Herbst erscheint die Venus als Abendstern. Sie schenkt uns Balance und innere Einkehr. Im täglichen Leben haben wir immer wieder Zeiten, zu denen wir uns verabschieden und loslassen dürfen, damit Dinge sich transformieren und wandeln können. Abschiede gehören zum Leben. Indem wir loslassen und freigeben, kann Neues nachfließen. Der Abendstern schenkt dir Zeit, Rückschau zu halten, zu trauern, zu lösen, zu vergeistigen, zu verinnernlichen und freizugeben, damit Neues in deinem Leben geschehen kann. Nimm dir Zeit für die Innenschau und für eine Neuordnung in deinem Leben. Entrümple, kläre, räume auf und positioniere dich neu. Was willst du weiter mitnehmen, was möchtest du jetzt endgültig lösen und frei geben? Spüre dich selbst und die Liebe, die dich immerzu trägt.

Positiv: Freiheit, Balance, Ausgewogenheit, neue Möglichkeiten, Erlösung
Negativ: Anhaftung, nicht freigeben können, nicht vergeben können, festhalten
Affirmation: Ich liebe und akzeptiere mich selbst. Ich bin Liebe. Ich gebe frei und lasse fließen, damit noch etwas viel Besseres jetzt in meinem Leben geschehen kann. Danke.

10. Venus Morgenstern

SCHÖPFERKRAFT

„DER SCHNEE VON GESTERN IST VORBEI. ICH SÄE, WAS ICH ERNTEN WILL, IM EINKLANG MIT DEN ZYKLEN DES MONDES UND DEM WERDENDEN LICHT DER SONNE."

Kleine Meditation

Frühlingserwachen, der neue Morgen kommt. Die Venus als Morgenstern weckt dich auf. Was möchte erblühen, was möchte erwachen im Lebensverlauf? Atme in dein Herz. Spüre die Venus als wunderschöne Blüte in deinem Herzen, als Rose, Lotus oder eine Blüte, mit der du zutiefst verbunden bist. Nimm ihre Farbe, ihren Duft, ihre Form, die sanften Blütenblätter wahr. Wie sieht deine Blume im Herzen aus? Atme in dein Herz ein und verstärke das Licht in dir. Bitte die Lichtwesen der Venus, die Blüten in deinem Herzen zu öffnen, zu vermehren und ihnen die besten Bedingungen zu geben. Spüre, wie die Blüten beginnen, sich zu öffnen, und das Licht, das immer da ist, aufzunehmen. Spüre, wie der Juwel im Inneren der Blüte immer mehr anfängt zu leuchten. Das Herz jeder Zelle beginnt zu erleuchten. Spüre die Liebe und den Frieden in deinem Herzen.

Bedeutung der Karte

Erscheint die Venus als Morgenstern, so heißt es Aufbruch. Was wolltest du schon immer mal erleben? Was möchtest du sehen? Was willst du dieser Welt bringen? Was möchtest du in deinem Leben verändern? Wenn nicht du, wer dann? Wenn nicht jetzt, wann dann? Es ist Zeit, das Herz neu zu öffnen für das Licht, das immer da ist, und dich von innen auf neue Wege führen zu lassen. Spürst du die feine, sanfte, zarte Macht, die dich durchdringt bei Tag und bei Nacht? Fühle den leisen Ruf in deinem Herzen. Schließe den innersten Tempel auf. Lasse dich von der Liebe führen. Beginne sie immer mehr in jeder Zelle und an jeder Stelle zu spüren. Trage Pink in deinem Herzen und sieh die Liebe in allem, was in deinem Leben geschieht, indem du dich auf das innerste Licht in allem Leben konzentrierst. Namasté - das Göttliche in mir grüßt und ehrt das Göttliche in dir.

Positiv: Öffnung, neue Liebe, Lebenslust, neue Impulse, tiefe Erkenntnisse, neue Begegnungen
Negativ: Passivität, kein Vertrauen in die Liebe, Erwartungshaltung, Verneinung
Affirmation: Das Venusmuster strahlt und leuchtet in meinem Herzen. Neue Türen öffnen sich. Wunder geschehen jetzt in meinem Leben.

11. Venus in den Mondzyklen

ZYKLEN, LEBENSPHASEN

„ICH ACHTE AUF DIE LIEBE IN MEINEM HERZEN IN ALLEN PHASEN MEINES LEBENS UND WÄHLE FRIEDLICHE, ABER KLARE WEGE"

Kleine Meditation
Nimm dir Zeit. Verbinde dich mit Mond und Venus, den zwei unterschiedlichen Kräften der Weiblichkeit. Stelle dir nun den Mondzyklus vor und den Zyklus der Frau, welche die Venus verkörpert. Das verspielte Mädchen im zunehmenden Mond, welches neue Ideen und kreative Impulse aus der Liebe ihres kindlichen Herzens hervorbringt. Die Jungfrau, Rebellin und Kriegerin im zunehmenden Halbmond, die für sich selbst einsteht, sich ausprobiert und sich in all ihren Facetten erfährt. Die erotische, sexuelle, verführerische Frau in der Zeit von zunehmendem Halbmond zum Vollmond. Die Mutter, die empfängt, versorgt, nährt und Leben gibt. Die Schnitterin im abnehmenden Mond, die trennt, löst, wandelt und abgibt. Die weise Alte, die einfach da ist. Erkenne all diese Facetten. Lilith, die in bestimmten Mondphasen in Erscheinung tritt, die unabhängige, unbezähmbare, selbstbewusste, selbstbestimmte Frau. Löse dich in deiner Vorstellung aus all den Rollen der Weiblichkeit und verbinde dich wieder mit deiner reinen und wahren Essenz, die Liebe ist, im Zentrum deines Seins. Stelle dir vor, wie deine Essenz wieder in ihrer Vielfalt und in unzähligen Facetten der Weiblichkeit im Lichte des Mondes erstrahlen kann. Welche Facette deines Seins möchtest du jetzt mehr leben?

Bedeutung der Karte

Mond und Venus sind beide verschiedene Aspekte der Weiblichkeit. Sie bedingen einander. Nimm dir einen Moment Zeit. Beides sind Urkräfte der Weiblichkeit. Der Mond verstärkt die mütterlichen Seiten, die Venus verstärkt die volle Frau. Mal überwiegen die einen und mal die anderen Kräfte der Weiblichkeit. Wir durchlaufen sie im Mondzyklus immer und immer wieder. Eva und Lilith. Welche Facetten fehlen dir in deinem Leben? Welche Facetten der Weiblichkeit möchtest du mehr in dein Leben rufen? Welche weiblichen Facetten, die du vielleicht ablehnst, verdrängt hast oder nicht mehr lebst, werden dir im Außen gespiegelt und möchten in dir heilen?

Positiv: Zyklus, Facettenreichtum, Ideenreichtum, Fülle, Liebeskraft, Liebesmacht, Flexibilität
Negativ: launisch, unberechenbar, in Rollen verhaftet, ängstlich, bewertend, eingeschränkt
Affirmation: Ich entfalte mich aus dem Zentrum meines Seins in alle funkelnden Facetten der Weiblichkeit. Ich habe Zugang zur unbegrenzten Quelle der Möglichkeiten.

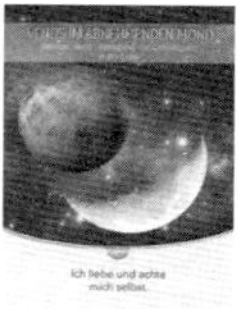

12. Venus im abnehmenden Mond

SELBSTACHTUNG - REINIGUNG VON DEMÜTIGUNG IN DER LIEBE

„ICH LIEBE UND ACHTE MICH SELBST"

Kleine Meditation

Venus im abnehmenden Mond führt dich tief nach innen. Nimm dir Zeit für dich selbst. Lasse dich von den Engeln der Venus zu einer wunderschönen Lichtung mit einem Wasserfall führen. Es ist Zeit, dich zu reinigen. Das Wasser fließt und strömt. Du entkleidest dich und so, wie Gott dich erschuf, begibst du dich in deiner Vorstellung unter den Wasserfall. Das kristallklare Wasser reinigt dein ganzes Sein. Es strömt in dich hinein und um dich herum. Es reinigt jede Ebene deines Seins, deinen Körper, deine Gefühle, deine Energie, deinen Geist, deinen Lichtkörper und deine ganze Aura. Alles beginnt zu strahlen und zu leuchten. Gib ab und lasse los. Verweile so lange unter dem Wasserfall, bis du dich klar, erfrischt, gereinigt, aufgerichtet, ausgerichtet und aufgeladen fühlst. Deine Engel salben und ölen dich mit duftenden Essenzen. Welcher Duft kommt dir in den Sinn? Sie überreichen dir Speisen, die deiner Seele gut tun. Du erhältst einen neuen Impuls von deinen Engeln. Du fühlst dich nun leicht, beschwingt und gereinigt. Bedanke dich für alles, was du in dieser kleinen Meditation für dich erfahren konntest, und befolge den Rat deiner Engel.

Bedeutung der Karte
Venus im abnehmenden Mond bedeutet reinigen, loslassen, an die geistige Welt übergeben, wieder zu sich selbst finden. Es ist Zeit, deine Angelegenheiten zu ordnen, zu entgiften und zu entschlacken, ein Salzbad zu nehmen oder eine Massage zu buchen. Kümmere dich um dich selbst. Achte und liebe dich selbst. Sei zärtlich und liebevoll mit dir. Lasse dich mal verwöhnen.

Positiv: Reinigung, loslassen, freigeben, vertrauen, in der Liebe sein, wertvoll sein,
Negativ: Selbstzweifel, mehr für andere aufräumen und reinigen als für sich selbst
Affirmation: Ich bin einzigartig und wunderschön, eine Tochter, ein Sohn des Lichtes, und verdiene es, geliebt und geschätzt zu sein und mich selbst zu lieben, zu achten, zu ehren. Ich kümmere mich jetzt um mich selbst auf beste Weise.

13. Venus im zunehmenden Mond

LIEBESAUSDRUCK

„ICH DRÜCKE DIE LIEBE AUS, DIE ICH IM HERZEN TRAGE"

Kleine Meditation
Stelle dir vor, wie das Mondlicht immer mehr in deine Quelle hineinstrahlt. Die unbegrenzte Kraftquelle in dir beginnt immer mehr zu fließen und zu strömen. Du bist erfüllt mit der frei fließenden Energie deiner Quelle. Das wunderbare Quellwasser strömt und fließt immer mehr und beginnt überzuströmen. Das vom Mondlicht erleuchtete Lichtwasser fließt nun zu allen Wesen in der sichtbaren und unsichtbaren Welt, mit der du verbunden bist. Alle deine Verbindungen werden mit dem Quellwasser gereinigt, geklärt und gesegnet. Spüre die erquickende, strahlende Kraft des Quellwassers im zunehmenden Mondlicht.

Bedeutung der Karte
Venus im zunehmenden Mond bedeutet, die Liebe, die du empfindest, für dich selbst, für Menschen, Tiere, Pflanzen, Steine, Plätze und das Göttliche zum Ausdruck zu bringen. Wenn wir die Liebe teilen, mehrt sie sich. Sie nimmt zu. Bringe heute deine Liebe auf jede erdenkliche Weise zum Ausdruck. Welche Qualitäten des Herzens möchtest du heute leben?

Positiv: überströmende Liebesfähigkeit, Freundlichkeit, Mitgefühl, Empathie, Verbundenheit
Negativ: Kritik, Bewertung, Überheblichkeit, Liebe überstülpen
Affirmation: Liebe fließt und strömt aus der unbegrenzten Quelle meines Seins. Ich lasse mich führen im Lichte der Liebe.

14. Venus im Vollmond

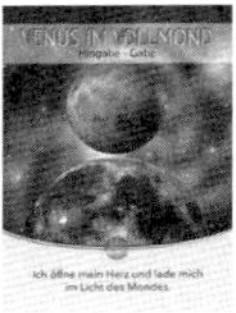

HINGABE - GABE

„ICH ÖFFNE MEIN HERZ UND LADE MICH IM LICHT DES MONDES"

Kleine Meditation

Stelle dir vor, deine Engel führen dich zu einem wunderschönen See. Der Mond leuchtet hell und voll. Das Licht des Mondes und der Sterne spiegelt sich im Wasser. Du lässt dich in das warme Wasser gleiten und badest indem Licht des Mondes. Du bist nicht alleine. Wundervolle, zarte Wesen begleiten dich mit ihren Gesängen und behüten dich. Es kann sein, dass für einen Moment alte Ängste aufsteigen, die sich sanft auflösen und dich immer tiefer zu dir selbst führen. Die silbernen Strahlen des Mondlichtes und das sanfte Licht der Venus laden dich vollkommen auf. Du kommst immer mehr zurück in dein Urvertrauen, in den Schutz und die Geborgenheit des Alls. Verborgene Schätze in der Tiefe, ungeahnte Fähigkeiten und Talente werden sanft geweckt. Erinnerungen an Zeiten in deiner vollsten Kraft und in deinen schönsten Gefühlen steigen auf. Du fühlst dich verbunden, gebadet in der Allliebe, aufgeladen mit dem silbernen Licht des Mondes und der Sternenlichter, die dir neue, feine, sanfte Lichtimpulse senden. Die feinen Gesänge der Wasserwesen begleiten dich. Erfrischt und vollkommen aufgeladen, in tiefem Vertrauen, steigst du aus dem See der Liebe und spürst das feinstoffliche Licht, aus dem Visionen gewebt werden. Du fühlst dich verbunden, geliebt und getragen im Schutze der Allliebe.

Bedeutung der Karte

Der Vollmond hat ganz besondere Kräfte. Im Lichte des Vollmonds können wir aufladen, über unsere Ängste hinauswachsen und die feinstofflichen Fähigkeiten, die wir besitzen, stärken. Wir können die übersinnlichen Fähigkeiten in uns erwecken, wie Telepathie, Hellhören, Intuition, Klarwissen, Feinfühlen und vieles mehr. Nutze den nächsten Vollmond, um ein Glas Wasser aufzuladen, das du zu dir nimmst, um dich an dein zweites Gesicht, die Allliebe und deine feinstofflichen Fähigkeiten zu erinnern und diese zu stärken.

Positiv: Allverbundenheit, Aufladung, Reinigung, Urvertrauen, Anbindung, Kraft von innen
Negativ: Ängste, Trennung, Einsamkeit, Mutterthemen, Selbstzweifel
Affirmation: Ich empfange die göttliche Kraft des Universums. Ich achte auf die feinen sanften Impulse in mir. Ich vertraue auf mich Selbst.

15. Venus im Neumond

NEUAUSRICHTUNG

„JEDER TAG IST EINE NEUE CHANCE UND EIN GESCHENK DES UNIVERSUMS AN MICH"

Kleine Meditation
Wenn der Mond neu geboren wird, ist es Zeit für die Erneuerung. Nimm dir eine Pause. Atme ganz tief in dein Herz. Spüre die Stille und den leeren Raum. Löse dich von allen Vorstellungen der Liebe. Spüre, wie sich alles in dem Raum der Stille und Weite auflöst. Du kehrst ganz in deinen Herzensraum zurück, ein wunderschöner Tempel im Zentrum des Universums, in dem alles möglich ist. Alle Anhaftungen sind verschwunden. Du genießt die Weite, die Leere, die Offenheit, den Frieden und die Stille. In diese Stille hinein gibst du einen Impuls aus dem Herzen. Wie ein Same für einen tiefen Wunsch, den du in der Liebe hegst. Spüre, wie dieser Wunsch im Universum gehört und aufgenommen wird und seinen Wiederhall in deinem Leben findet. Es ist wie ein heiliges Gebet in der Stille und Weite der Allliebe.

Bedeutung der Karte

Neumond ist die Zeit für Erneuerung und Neubeginn. Die Venus im Neumond hilft dir, dich von alten Gewohnheiten und Mustern zu lösen und neue Impulse für einen Mondzyklus zu manifestieren. Nimm dir heute Zeit zum Rückzug. Was möchtest du endgültig loslassen? Was ist überflüssig geworden? Was möchtest du neu beginnen? Löse dich von allen Anhaftungen und komme ganz zu dir selbst. In der großen Leere, in der großen Stille werden neue Impulse geboren.

Positiv: Stille, Leere, Neubeginn, Neustart, Vertrauen, Liebe, Allliebe

Negativ: Anhaftung, Identifikation, Kurzsichtigkeit, Zweifel

Affirmation: Ich öffne mich für die Ewigkeit. Alles, was wahr ist, ist ewig. Ich löse mich, um mich neu zu verbinden.

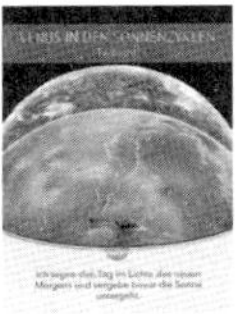

16. Venus in den Sonnenzyklen

TWILLIGHT

„ICH SEGNE DEN TAG IM LICHTE DES NEUEN MORGENS UND VERGEBE, BEVOR DIE SONNE UNTERGEHT"

Kleine Meditation

Stell dir vor, die Sonne geht auf. Der Morgen dämmert in zarten Farben herauf. Es ist die Zeit zwischen Nacht und Tag. Du kommst aus der geistigen Welt in ein neues Werden, in einen neuen Tag. Spüre die feine Schwingung des neuen Tages in dir. Das Geschenk des Lebens in dieser vergänglichen Ebene. Am Abend geht die Sonne unter und die Nacht dämmert herauf. Du gehst vom Tag in die Nacht in die Ewigkeit des Seins. In diesen Übergängen sind Wunder möglich. Jeder Tag birgt eine neue Chance und jeder Abend die Möglichkeit, sich zu reinigen und sich zu lösen. Achte heute auf die Übergänge. Von innen und außen, von Tag und Nacht, von Yin zu Yang und nimm die Gleichzeitigkeit der beiden Kräfte wahr, die das Universum in ihren Bahnen halten. Fühle, wie du immer mehr in die Mitte deines Herzens hineinkommst, im Einklang mit den Polaritäten. Während du einatmest, atmet deine Seele aus.

Bedeutung der Karte
Die Venus ist die Verbindung zwischen Sonne und Mond. Sie lässt uns die Einheit der Dualität erkennen. Das gesamte Leben ist eine Bewegung zwischen Licht und Dunkelheit. Wir leben in einem Zwielicht des Bewusstseins, der größte Teil unseres Seins liegt im Verborgenen. Da wir alle Aspekte des Seins in uns tragen und von einem in einen anderen Zustand wechseln können, ist es wichtig, sich des Lichtes und der Dunkelheit bewusst zu werden. Nur so erfassen wir die Tiefe und die Weite und die Höhe unseres Seins in der allumfassenden Liebe, Allliebe. Da wir in einem ständigen Wechselzustand von Licht und Dunkelheit wirken, ist die Mitte, das Herz, der Weg in die Polaritätseinheit. Wir können beide Pole der Schöpfung nutzen, um Heilung, Trost, Liebe, Licht, Freude zu leben und zu bringen. Das Paradies ist kein Ort im Außen. Es ist ein Zustand im Inneren, in den wir uns jederzeit hineinbewegen können. Öffne dein Herz und schon bist du da Im Zentrum der Polaritätseinheit.

Positiv: Herzensweg, Weg der Mitte, Balance, Zentrum, im Frieden sein, aus der Liebe wirken
Negativ: verhaftet sein, die andere Seite verteufeln, Unfrieden, Trennung, Bewertung
Affirmation: Die absolute Wirklichkeit ist ohne Trennung und ohne Veränderung. Sie ist auf immer. Alles Leben und alle Kraft stammen aus ihr.

17. Sommersonnenwende

HOCHZEIT - VEREINIGUNG

„LIEBE UND LICHT VERSCHMELZEN IN MIR"

Kleine Meditation

Stell dir vor, es ist Sommersonnenwende. Die Hochzeit des Sommers. Du befindest dich an einem wunderschönen Ort. Alles blüht, Wasser rauscht, die Vögel singen ihre Melodie. Du beobachtest die Ereignisse an diesem wundervollen Ort. Deine innere Frau tritt in Erscheinung. Du betrachtest sie. Wie sieht sie aus? Wie zeigt sie sich dir? Lass dir Zeit. Ein Engel nimmt sie mit, um sie in die Schönheit des Lebens zu kleiden. Nun tritt dein innerer Mann in Erscheinung. Du betrachtest ihn. Wie sieht er aus? Wie zeigt er sich dir? Lass dir Zeit. Ein Engel nimmt ihn mit, um ihn in die Schönheit des Lebens zu kleiden. Deine innere Frau und dein innerer Mann werden nun zusammen geführt. Sie begegnen sich in der Fülle und Schönheit eines wunderschönen Ortes. Betrachte dein inneres Paar. Lass sie sich kennen und lieben lernen und immer mehr eine Einheit werden. Stelle dir vor, sie verschmelzen miteinander. Welches Symbol, welche Kraft erschaffen sie in der Einheit? Dieses Symbol, diese Kraft kannst du in dein Leben holen und damit deine schöpferischen Kräfte entfalten.

Bedeutung der Karte

Die Sommersonnenwende ist am 21.6., der Sonnenhöchststand ist erreicht. Es ist der längste Tag und die kürzeste Nacht. Die Natur steht in voller Pracht, bereit sich mit dem Licht zu vermählen, um die Früchte hervorzubringen. Es ist die Zeit von Reichtum, Fülle, Fruchtbarkeit und Liebe. Sonne und Venus vermählen sich, um Neues hervorzubringen. Nicht nur für sich, sondern für alles Leben. Bist du bereit, dich ganz und gar auf dich selbst einzulassen? Deine innere Frau und deinen inneren

Mann anzunehmen und in dir eine vollkommene Einheit dieser beiden Kräfte zu schaffen? Die innere Frau steht für deine linke Seite. Der innere Mann für deine rechte Seite. Indem du sie in dir aussöhnst und verbindest, beginnst du dein volles Potenzial zu entfalten. Du wirst vom Opfer zum Schöpfer. Eine Fülle von Möglichkeiten stehen dir offen. Du kannst lernen aus der Fülle zu schöpfen. Die Natur ist überfließende Fülle.

Positv: Fülle, Fruchtbarkeit, Kreativität, Umsetzungskraft, Flow, Einheit, Freude, Liebe
Negativ: Zwist, Zweifel, Misstrauen, Raubbau mit sich selbst, Neid, Angst, Uneins
Affirmation: Männlich und Weiblich, Sonne und Venus bilden jetzt bis in die tiefsten Tiefen meines Unterbewusstseins (Mond) eine vollkommene Einheit. Das volle Potenzial entfaltet sich jetzt. Neue Ideen und Wege öffnen sich mir.

18. Wintersonnenwende

GEBURT DES NEUEN LICHTES
IN DER LIEBE

„HINGABE IN DAS NEUE WERDEN"

Kleine Meditation
Stell dir vor, es ist Wintersonnenwende. Die Nacht ist am längsten, der Tag am kürzesten. Die äußere Welt spielt keine Rolle. Du kehrst tief in dich ein. Du befindest dich in der Höhle (dem Stall) der Schöpfung. Alle Kräfte des Herzens fließen zusammen. Männlich, weiblich und göttlich kindlich. Es ist eine sternenklare Nacht, Mond, Venus und die Sterne leuchten über dir. Die Engel und gute Kräfte des Herzens sind an deiner Seite. Die Weisheit des Universums findet zu dir. Du befindest dich in deinem tiefsten Heiligtum. In deinem heiligen Schöpfungsraum. Atme in deinen Schöpfungsraum. Betrachte ihn. Fühle in ihn hinein. Bitte deine Engel, ihn mit dir zu heilen,

ihn von alten Mustern und Besetzungen zu reinigen und neu auszurichten. Lasse dich zu den Schätzen in dir führen. Öffne dich in der Tiefe deines Seins für neue Lichtimpulse. Vielleicht erwachst du im Licht und wirst selbst neu geboren. Bringe langsam und in deiner Zeit nach außen, was du in der Tiefe der Göttlichkeit im heiligen Schöpfungsraum in dir entdeckt hast.

Bedeutung der Karte

Die Wintersonnenwende findet am 21.12. statt. Sie ist ein Wendepunkt in die Tiefe des Seins, in dem das neue Licht empfangen und geboren wird. Alle Kraft kommt von innen. Es ist Zeit deinen Schöpfungsraum zu erkennen, ihn zu heilen und die schöpferischen Kräfte und das wahre Erbe, das in dir schlummert, anzunehmen. Du bist ein Kind des Universums und hast Zugang zum unbegrenzten Potenzial.

Positiv: Schöpferkraft, Mana, Kraft von innen, Vertrauen in Eingebungen, Rückverbindung
Negativ: Missbrauch, zu sehr im Außen sein, kein Zugang nach innen, Selbstverleugnung
Affirmation: Alle Kraft kommt von innen. Was ich in mir heile, heile ich in der Welt.

19. Venuszahl 13

DAS VERSCHLÜSSELTE WESEN DER VENUS

„SUCHE DIE HARMONIE DES HIMMELS UND DIE GESETZMÄSSIGKEIT HINTER ALLER FORM UND DU WIRST DAS GÖTTLICHE WERK IN ALLEM LEBEN ERKENNEN"

Kleine Meditation

Nimm dir Zeit. Komme zu dir selbst. Spüre das Licht der Venus und des Mondes. Stelle dir vor, wie Lady Venus und die Engel der Heilung dich an die Hand nehmen und dich mit in die verletzten Teile deines Herzens führen. Sie führen dich in deine eigenen Tiefen. Die Tore und Räume deines Unterbewusstseins öffnen sich. Alte Speicher und Erinnerungen werden wach. Du wirst zu einer schmerzlichen Erinnerung geführt, die auch aus anderen Leben stammen kann. Atme hinein, du bist jetzt beschützt und behütet. Lasse diese Erinnerung wach werden. Was hast du gedacht? Was hast du gefühlt? Was hast du dir auf Grund dieser Erinnerung vorgenommen? Gibt es Sätze mit ich werde nie wieder … ? Lady Venus und die Engel der Heilung bringen ihr Licht in diese Erinnerung. Sprich aus, was du noch aussprechen möchtest, und erlaube, dass dies jetzt in eine vollkommene Heilung geht. Spüre, wie diese Erinnerung gelöst und gelöscht wird im Lichte der Liebe. Das Licht der Sonne strömt hinein und reinigt alle Zellen, bis sie wieder hell und schnell schwingen. Du kannst diese Erinnerung vollkommen in das Licht übergeben. Lady Venus übergibt dir eine reine Lichtkugel und fragt dich, welche Qualität (Trost, Heilung, Liebe, Vergebung, Mitgefühl …) diese Stelle braucht. Spüre, wie diese Stelle jetzt mit einer göttlichen Qualität aufgeladen wird. Bedanke dich für alles, was geschehen ist. Du siehst, wie dein Herz ein Stück mehr leuchtet und die Liebe sich in den Räumen ausbreitet, die du betrittst.

Bedeutung der Karte

Die Zahl 13 ist die Zahl der Venus. 13 ist die Zahl der Seele, der Mystik, des Schicksals und des Ausgleichs. Je nachdem, wie wir mit der Energie der Liebe umgegangen sind, erfahren wir diese Energie in unserem Leben als Spiegel. Denn alles, was wir aussenden, kehrt zu uns zurück. Die 13 bringt das Vergessene und Verborgene nach oben und das, was in den Ausgleich gehen will. Während der Geist über alles hinwegfegen kann und so tun kann, als ob nichts geschehen sei, vergisst die Seele nie. Sie speichert alles und alles, was wir tun, wird irgendwann ausgeglichen. Was die Liebe zusammen führt, kann der Mensch nicht trennen. Es kann nur erlöst werden, indem wir es in die Liebe zurückführen. Dies geschieht durch Ausgleich, Vergebung, Verzeihen und Versöhnung. Das Leben hat seine eigene Magie, seinen Zauber, und kann unerwartete

Wenden bringen. So nimm dir Zeit und schau, was ausgeglichen, verziehen und in dir versöhnt werden möchte.

Positiv: Vergebung, Wunder, Balance, Heilung, Aussöhnung, Liebe
Negativ: Ängste, Wunden, Verwünschungen, Verfluchungen, Hass, Rache, Ausgleich
Affirmation: Heilung geschieht durch Liebe im Hier und Jetzt.

20. Die Liebenden

WAS DIE LIEBE ZUSAMMENFÜHRT, KANN DER GEIST NICHT TRENNEN

„FÜHRE ALLES IN DIE LIEBE ZURÜCK. ERST IN DER LIEBE KANN ES SICH ERLÖSEN."

Kleine Meditation
Was die Liebe zusammen führt, kann der Mensch nicht trennen. Er kann es erlösen, indem es durch Vergebung, Gnade und Mitgefühl zurück in die Liebe geführt wird. Deine Engel führen dich nun in den Tempel der Liebe. Hier kannst du alle Verbindungen, die in der Liebe geknüpft wurden, erkennen. Liebe ist ewig. Betrachte die Verbindungen der Liebe. Nun rufe aus dem Zentrum alle Anteile deines Herzens, die zu dir gehören, zurück. Spüre, wie alles, was zu dir gehört, aus allen Himmelsrichtungen zurückströmt und im Tempel der Liebe Heilung findet. Ja, es war die Liebe, die diese Verbindungen ermöglicht hat. Deine Anteile werden gereinigt von all dem was nicht Liebe ist, und integrieren sich wieder in deinem Sein. Dein Strahlen und Leuchten kehrt zu dir zurück. Spüre hinein auf einer Skala von 1 – 100, wieviel % Liebesleuchten wieder bei dir ist. Alles, was du noch an verborgenen Anteilen in dir hast, lässt du aufsteigen und in alles zurückfließen, so dass die Stricke der Fehler, die du und andere begangen haben, sich nun lösen können. Verweile ruhig im Zentrum der Venus und

spüre, wie sich alles neu sortiert und die Verbindungen in der Liebe geklärt, gestärkt, gereinigt und neu geknüpft werden. Spüre, wie du mit dir selbst in tiefer Liebe verbunden bist, mit Gott Vater, Mutter und Kind in einem, mit der Erde, mit den sichtbaren und unsichtbaren Welten. Betrachte die leuchtenden Liebesbänder und die Einheit des Lebens, aus der heraus sich alles entwickelt. Vertrau auf das Herz. Lady Venus und die Engel unterstützen dich dabei.

Bedeutung der Karte
Hör auf dein Herz und vertraue der natürlichen Ordnung. Vereine die Gegensätze in dir. Tritt wieder in Verbindung mit allem Leben. Mit Gott, mit den Engeln, mit den sichtbaren und unsichtbaren Welten, mit deiner Seele, mit anderen Menschen, mit den Tieren und der lebendigen, liebenden Kraft der Erde, mit den Sternen und dem Universum Wir sind alle liebende Wesen, da wir aus der großen Liebe kommen. Über viele Inkarnationen und leidvolle Erfahrungen haben wir vergessen wer wir sind. Wir haben uns abgetrennt und aufgegeben. Jetzt ist es an der Zeit die Liebesverbindungen zu erkennen zu stärken und für sie einzustehen. Tritt ein in die Sonnenkraft der Venus, in ein verändertes Bewusstsein der Einheit allen Lebens und du kannst dich vollkommen neu ausrichten. Vertraue auf dich selbst und auf dein liebendes Herz. Es wird dich führen.

Positiv: Verbindung, Liebe, Vertrauen, Hingabe, Neuverbindung

Negativ: Taubheit, Ohnmacht, abgetrennt, unbewusst, kann nicht fühlen oder empfinden, in sich gefangen, nur um sich kreiselnd

Affirmation: Jetzt kommt zusammen was zusammen gehört. Ich vertraue auf mein Herz. Ich öffne mich voller Vertrauen neu in die Liebe hinein.

21. Heilung des Missbrauchs in der Liebe

VEERGEBUNG UND VERSÖHNUNG

„ACHTE DIE LIEBE UND ALLES, WAS AUS IHR BESTEHT“

Kleine Meditation

Die Liebe ist heilig, zart und mächtig. Bitte eine Meisterin der Venus, wie Maria Magdalena, zu erscheinen. Spüre ihre Gegenwart. Lass dir Zeit. Bitte sie, dich zu begleiten. Du spürst den Schutz und die Liebe der Geistigen Welt. Der Mantel des Schutzes legt sich um dich. Eingehüllt und begleitet im Lichte der Meisterin, betrittst du den verletzten, missbrauchten Teil deiner Seele. Fühle diesen Bereich und leuchte ihn aus. Die Meisterin der Liebe bringt ihr helles, feines, heilsames, balsamisches Liebeslicht an diesen Ort. Zusammen mit ihr beginnt der Ort zu heilen und sich neu auszurichten. Schocks lösen sich, dunkle Stellen werden gereinigt, Wunden und Narben werden gereinigt, gesalbt und versorgt, dunkle Bänder werden gelöst, Löcher werden geschlossen, Gewässer wandeln sich in reines Licht und beginnen zu fließen, feinstoffliche Lichtstrukturen verbinden sich wieder, Engel senden heilsames Licht in allen Regenbogenfarben. Atme und verweile in Ruhe im göttlichen Lichte der Meister und Meisterinnen der Liebe, die diesen Ort in ihrer unermesslichen Liebe, Güte, Gnade und Barmherzigkeit wieder an der göttlichen Ordnung ausrichten können. Du kannst, so oft du möchtest, mit den Meistern und Meisterinnen der Liebe an diesen Ort gehen, bis er wieder vollkommen auf- und ausgerichtet, verbunden und strahlend ist.

Bedeutung der Karte

Karma und Liebe binden Menschen aneinander, so dass sie sich immer wieder begegnen, bis das Thema zwischen ihnen aufgearbeitet und bereinigt wurde. Was wir in diesem Leben lösen, ist für alle Zeiten und für alle Leben erlöst. Deswegen lohnt sich der Weg der Erlösung durch die Liebe. Seelische Wunden sitzen tief und heilen langsam. Sie sind jedoch heilbar und können vollständig überwunden werden, wenn wir uns für die größere allumfassende göttliche Liebe öffnen und uns in ihr ausrichten. Wege der Heilung können sehr verschieden sein. Gib dir die Zeit, die es braucht, und sei liebevoll und gut mit dir selbst. Was in dir Heilung findet, findet Heilung in der Welt.

Positiv: Heilung des inneren Kindes, Selbstheilung, Freude, Extase, Glückseligkeit, Freiheit, Vertrauen
Negativ: Aufopferung, Leid und Schmerz gleich Liebe, Misstrauen, Kränkung, Scham, Ungeduld
Affirmation: Heilung geschieht mit Liebe im Hier und Jetzt.

21. Selbstliebe

EINZIGARTIGKEIT

„ICH EHRE UND ACHTE MICH SELBST"

Kleine Meditation

Selbstliebe ist der Schlüssel zur Allliebe. Stell dir vor, du befindest dich an einem wunderschönen Ort. An dem schönsten Ort, den du dir vorstellen kannst. Die drei Lichter von Sonne (gold), Venus (rosa, alle Rotorangepinktöne) und Mond (silberblau) strahlen aus dem Universum. Ein goldenes Wesen der Sonne und des Lichtes, ein Wesen der Venus und ein Wesen des Mondes hüllen dich in ihr Licht ein. Du badest in diesen Lichtern und genießt das Bad, das dich auflädt und ausrichtet. Sie füllen dich an verschiedenen Stellen deines Seins auf. Du schaust in den Spiegel aus Licht und während du in diesen Spiegel schaust, laufen Inkarnationen und Rollen ab, die du über Zeitalter gespielt hast. In diesem Spiegel erscheint immer mehr dein jugendliches, immerwährendes, wahres, wunderschönes und reines Wesen. Geboren aus reinem Licht, aus tiefer Liebe mit unbegrenzten Fähigkeiten, die im unsichtbaren Bereich liegen. Erlaube die Verwandlung. Immer mehr verschmilzt du mit deiner wahren Essenz. Du spürst diese Verschmelzung und die tiefe Liebe in jeder Zelle. Du bist schwingendes Licht, du bist Licht von Licht, du bist Liebe von Liebe ausgestattet mit unbegrenzten Fähigkeiten im feinstofflichen Bereich. Ich bin unermessliche Liebe. Ich bin Licht von deinem Licht. Ich liebe und achte mich selbst.

Bedeutung der Karte
Je mehr wir selbst in die Liebe eintauchen, desto mehr kann sich die Liebe durch uns in die Welt verströmen. Beginne damit, dich selbst mehr zu lieben, zu achten und dich in deiner Schönheit und in deinem wahren Wesen zu erkennen. Stelle dich vor den Spiegel, nimm dich so an, wie du bist, und sage dir selbst: „Ich liebe dich." Konzentriere dich heute immer wieder auf dein wahres Wesen, auf deine wahre Essenz hinter all den Rollen, bis in die tiefsten Tiefen deines Seins. Erlaube, dass die wahre Essenz, das wahre Wesen immer mehr durch alles hindurch scheint, spricht und wirkt bis weit in die sichtbaren Ebenen hinein.

Positiv: Wertschätzung, Selbstachtung, Freundlichkeit, Empathie, Charisma, heilsame Ausstrahlung, Lichtarbeit, Heilarbeit, Frieden, neue Impulse, Leichtigkeit und Freude
Negativ: nicht gesehen werden, nicht verstanden werden, unsichtbar sein, missgedeutet werden
Affirmation: Dein Licht ist mein Licht. Ich bin das Liebeslicht in dieser Welt.

23. Nächstenliebe

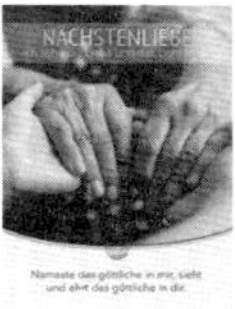

ICH SEHE DIE LIEBE UND DAS LICHT IN DIR

„NAMASTÉ! DAS GÖTTLICHE IN MIR SIEHT UND EHRT DAS GÖTTLICHE IN DIR.

Kleine Meditation

„Was ihr für einen meiner geringsten Brüder oder Schwestern getan habt, das habt ihr für mich getan." Ich bin ein anderes Du. Nimm dir einen Moment Zeit. Schließe die Augen. Stell dir einen See vor, in dem sich das Mondlicht spiegelt. Darin erscheinen alle Menschen, Gruppen und Wesen, auch die, die bisher im Verborgenen gewirkt haben, die dir Gutes getan haben, die dir geholfen und dich auf deinem Lebensweg unterstützt haben, so weit sie konnten. Danke ihnen von Herzen und hülle sie in die Liebe der Venus und das Segenslicht der Sonne. Im See erscheinen Plätze, Wesen und Menschen, die dein helfendes und unterstützendes Licht brauchen. Hülle sie ein in die unermessliche Liebe des Universums und das heilende, schützende Licht von Sonne und Venus. Es erscheinen Menschen, mit denen du noch nicht im Reinen bist. Hülle auch sie ins unermessliche Licht der Sonne und der Venus und erlaube, dass Wandlung und Heilung geschehen. Ein wunderschönes Wesen bildet sich im Lichtkegel des Mondes über dem See. Frage, wie du nützlich sein kannst, wie du unterstützen und helfen kannst. Lausche, was es dir zeigt oder antwortet. Bedanke dich für alles, was dir gezeigt wird. Erkenne die Verbindungen der Liebe zu allem Leben an. Erkenne, dass wir im tiefsten Urgrund mit allem eins sind und uns gegenseitig unterstützen, erinnern, erwecken und fördern auf dem Weg in eine neue Zeit.

Bedeutung der Karte

Ubuntu, wir sind verbunden, wir sind eins, wir sind am glücklichsten, wenn es allen Wesen, auch den Wesen der Natur, gut ergeht. Übe dich eine Zeit lang in Nächstenliebe. Sei freundlich und hilfsbereit gegenüber deinen Mitmenschen. Nimm dir vor, eine Zeit lang die Eigenschaften der Nächstenliebe zu entfalten, zu trainieren, zu entwickeln und stärker zum Ausdruck zu bringen. Zünde Kerzen für Menschen an, die Hilfe brauchen. Bete für sie. Übertrage den Segen aus den höchsten Ebenen. Es gibt innerlich und äußerlich so viele Wege, etwas für das große Ganze zu tun. Stell dir folgende Fragen: Wie kann ich liebender werden? Wie kann ich mehr Nächstenliebe entwickeln? Wenn ich voller Nächstenliebe wäre, wie würde sich das in meinem Leben auswirken? Wie würde ich als liebender Mensch denken, handeln und wirken? Wie würde ich agieren und kommunizieren? Indem wir Nächstenliebe kultivieren, entsteht Verbundenheit. Die Liebe und das Licht können fließen. Erlebe es selbst.

Positiv: Hilfsbereitschaft, Menschenliebe, Barmherzigkeit, Humanität, Freundlichkeit, Liebe teilen, unterstützen, geben, aus dem Herzen leben, segnen, Mitgefühl, Umwandlung, neue Wege im Miteinander wählen, Augenhöhe
Negativ: Menschenfeindlichkeit, Härte, unfreundlich, Unbarmherzigkeit, egozentrisch, Aufopferung, sich aus dem Blick verlieren, Ungleichgewicht
Affirmation: Ich bin liebend. Ich entwickle Nächstenliebe und Mitgefühl. Ich liebe meine Nächsten wie mich selbst.

24. Göttliche Liebe

GOTTES LIEBE IST IMMER FÜR MICH DA

„RICHTE DICH IN DER MITTE DEINES ZENTRUMS AUS."

Kleine Meditation
Gott wohnt im Herzen aller Menschen. Mit jedem Atemzug nimmst du Licht auf und mit dem Ausatmen dehnst du das Licht in dir und um dich herum aus. Du öffnest dein Herz zuerst in tiefer Liebe zu dir selbst und wartest, bis sich die Liebe

immer mehr in dir ausdehnt, bis sie übersprudelt und in alles hineinströmt, womit du sichtbar und unsichtbar verborgen verbunden bist. Ein wunderschöner Lichtstrahl aus der Sonne hüllt dich wärmend ein. Du wirst in diesem Lichtstrahl nach oben gezogen und gelangst in eine neue Dimension. Du kommst immer mehr im Zentrum der Sonne an und spürst das Licht, das gleichmäßig aus dem Zentrum strahlt und für alle und alles da ist. Genieße es, im Zentrum der Sonne zu sein und alles aus der Mitte heraus zu lieben und zu segnen. Spüre, dass die Sonne, die für die göttliche Liebe steht, keinen Unterschied macht. Sie ist immer da. Sie verströmt ihr heilsames und segenspendendes Licht. So nimm den Segen, der tagtäglich und mit jedem Atemzug in dein Leben strömt, an. Sieh den Segen in deinem Leben.

Bedeutung der Karte

Gottes Liebe ist wie die Sonne, sie ist immer und überall da. Segen, Licht und Sonne sind immer da. Selbst im dunkelsten Tal. Richte dich am Licht der Ewigkeit aus, das dich führt, leitet und immer wieder aufrichtet. Bitte deine Engel und Meister, dich zu unterstützen und dich gerade in den dunklen Zeiten anzuleiten und dich Schritt für Schritt auf den richtigen Weg zu führen. Segne heute alles, was du tust, jeden, den du triffst, indem du ihn in das strahlende Licht der Sonne in deinem Herzen einhüllst. Wir können segnen über Gesten, Worte, Gefühle, über unsere Augen, über Handlungen. Entfalte den Segen, der du bist.

Positiv: allumfassende Liebe, universelle Liebe, Ausrichtung am Licht, Glückseligkeit, Extase, Erleuchtung, Freude, Frieden im Innen
Negativ: Verklärung, nur noch um sich drehen, weltfremd
Affirmation: Ich bin im Lichte der großen Liebe hier. Sie durchdrängt mich, sie umfließt mich, sie führt mich in allem auf den richtigen Weg. Danke.

25. Mutterliebe - Allliebe

DIE ERDE TRÄGT MICH. DAS LEBEN NÄHRT MICH

„ICH WENDE MICH DER GÖTTLICHEN MUTTER ZU“

Kleine Meditation

Die Gnade der großen Mutter ist unermesslich. Ihre Liebe, ihr Segen und ihre Weisheit sind grenzenlos. Ihre Pracht, ihre Herrlichkeit und ihr wärmendes, nährendes Licht unbeschreiblich. Wende dich an die große Mutter. Tauche ein in ihre unermessliche Liebe. Sie nimmt dich auf. Sie versorgt deine Wunden, sie heilt und stärkt dich. Sie hält und wiegt dich. Sie nimmt dich zu sich zurück und gebärt dich neu. Sie trägt und badet dich in ihrem unermesslichen Liebeslicht. Offenbare ihr, was du auf dem Herzen hast in Demut und Aufrichtigkeit. Sei in tiefer Andacht und Liebe mit ihr. Sie wird dir in ihrer unermesslichen Güte, Liebe und Weisheit den nächsten Schritt in dieser Form offenbaren. Auf ihre Hilfe kannst du allzeit vertrauen. Wann immer du es brauchst, lege dich auf die Erde. Fühle, dass die große Mutter, die auch Erde ist, dich trägt, dich aus ihren Quellen stillt, dich mit ihren Früchten nährt.

Bedeutung der Karte

Mutterliebe ist die bedingungslose Liebe der Mutter zu ihren Kindern. Sie gilt als eine der reinsten und tiefsten Formen der Liebe. Die göttliche Mutter ist eine universelle Energie. Sie ist das Zentrum des Universums, das Leben gebärt, nährt und wieder zurücknimmt. Sie ist die Urlebenskraft allen Seins. Die Mutter ist gütig, liebevoll, zärtlich und kümmert sich um die Bedürfnisse des Kindes. Da die universelle Mutter, die der Sonne, dem Mond, der Venus und der Erde zugeordnet ist, ein Urprinzip ist, wirkt sie durch vielerlei Formen. Wo haben andere Frauen dich an die Hand genommen, dich versorgt, dich getragen, dir weiter geholfen und dich geführt? Wo hat sich die göttliche Mutter deiner erbarmt? Wo trägt und nährt dich

Mutter Erde? Erkennst du das Licht der Venus, des Mondes, der Allliebe, der Mutter Maria und der Urkraft in vielen Ausdrücken, das durch alles scheint, dich unermesslich liebt und dich trägt, wo immer du bist?

Posititv: allumfassend, liebend, tragend, nährend, versorgend, umhüllend
Negativ: ängstlich, sorgend, traurig, wartend, einsam, ungesehen, wütend, gebrochen
Affirmation: Es gibt keinen Gott, der größer ist als die Mutter. Ich bin geborgen und getragen in ihrem Sein.

26. Mutter Maria

MUTTER GOTTES - MUTTER ERDE

„VERSORGT UND GETRAGEN IN UNERMESSLICHER LIEBE“

Kleine Meditation
„Drückt dich ein Weh', zur Mutter geh', sag es ihr, gern hilft sie dir." Verbinde dich heute in der Stille mit Mutter Maria. Mit dem silber-bläulichen Licht des Mondes und des Universums. Spüre die Allliebe. Wenn du etwas auf dem Herzen hast, kannst du dich an Mutter Maria wenden. Sie ist immer da, du bist unermesslich geliebt. Heilige, geliebte Mutter Maria, ich nehme Zuflucht zu dir. Ich habe Vertrauen zu dir, da du all deine Kinder bedingungslos liebst. Spüre ihre Gegenwart, ihre Liebe, ihre Güte, ihre Liebe. Vielleicht nimmt sie dich in den Arm oder in ihren Schoß, hüllt dich tröstend in ihr Licht oder überträgt dir eine Botschaft aus ihrer allumfassenden Weisheit. Du bist ein Kind des Lichtes, eine Tochter, ein Sohn der Liebe. Sie ist für dich da. Durch die Hingabe an die göttliche Mutter erfahren wir Trost, Segen und Heilung.

Bedeutung der Karte
Mutter Maria, die universelle Mutter, und Mutter Erde sind immer für dich da. Wenn du nicht weiter weißt, suche Zuflucht zur größten Liebeskraft im Universum. Begib dich in die Natur. Leg dich auf die Erde. Spüre, wie Mutter Erde dich trägt und hält. Die Gnade der universellen Mutter ist unermesslich. Ihre Barmherzigkeit, Liebe, Gnade und Güte sind grenzenlos, ihre Weisheit unendlich. Sie umfasst und durchdringt alles mit ihrem Liebeslicht. Sie gibt und nimmt wieder auf. Sie unterstützt uns auf unseren irdischen Wegen. Nimm dir heute Zeit, dich mit der Natur, dem All und der Mutter in ihren vielen Gestalten und Formen zu verbinden. Sie schenkt dir Liebe, Wohlstand und befreit dich von den Anhaftungen, gespeicherten Vorstellungen des irdischen Seins. Sie verbindet dich mit der wahren Liebe und hilft dir, in der Beziehung zu deiner irdischen Mutter liebevolle Wege zu wählen.

Positiv: Zufluchtnahme, göttliche Hilfe, allumfassende Liebe, Heilung der Mutterthemen
Negativ: Wiederholung ungesunder Muttermuster, Ablehnung, Wiederstand, Härte, Mangel
Affirmation: Du bist unermesslich geliebt ! Ehre sei der Mutter, der Tochter und der tätigen Liebe.

27. Maria Magdalena

ROTE ROSE

„ERSTE BLUME IM GARTEN DER AUFERSTEHUNG"

Kleine Meditation
Verbinde dich mit Maria Magdalena. Warte, bis du ihr Licht, ihre Präsenz und Gegenwart bemerkst. Sie berührt die Wunden deiner Weiblichkeit, salbt und ölt sie, so dass alles heilen kann. Sie verbindet die Seele mit dem Herz und dem Geist, die

Sexualität mit dem heiligsten Ort, an dem man sich in der Vereinigung treffen kann. Lass dich von ihr führen. Reinige dich und erlaube, dass die Wunden deiner Seele, deines Herzens und deines Körpers beginnen zu heilen. Was tut dir gut? Was bringt dich in dein Gleichgewicht und in deine Mitte zurück? Maria Magadalena hüllt dich in ihr Licht und führt dich zurück in das göttliche Licht, das dich liebt und führt.

Bedeutung der Karte
Maria Magdalena ist die erste Blüte im Garten der Auferstehung. Sie war Jesus am nächsten. Sie heilte, lehrte und verbreitete den christlichen Geist mit den Marien in Europa. Ihr Wirken wurde unterdrückt, verleugnet, entwürdigt und abgewertet. Erst 2016 wurde sie wieder als Apostelin der Apostel anerkannt. Damit ist die 13 der Apostel auf ihren Platz zurückgekehrt. Maria Magdalena hilft, den Verrat, der an den Frauen geschehen ist, zu heilen. Sie salbt, ölt und leitet uns von anderen Ebenen an. Ihre Liebe berührt alle Ebenen des Seins. Von der Gottesliebe bis zur seelisch - körperlichen Liebe. Sie hilft uns, uns neu in der Liebe auf allen Ebenen auszurichten. Es spielt keine Rolle, was andere über dich sagen oder behaupten. Bleibe dir selbst treu und gehe deinen Weg aus deinem Herzen.

Positiv: Heilung der Weiblichkeit, Sinnlichkeit, Venus, Hingabe an die Liebe, ölen, salben
Negativ: Verleumdung, Verrat, Missachtung, Erniedrigung, Demütigung, Blindheit
Affirmation: Die Liebeskraft der Frau ist heilig. Ich achte, erkenne und wertschätze die heiligen Qualitäten der Weiblichkeit. Liebe wirkt in allen Ebenen des Seins. Ich erblühe. Ich entfalte mein wahres Sein.

28. Ishthar

KÖNIGIN DES HIMMELS

„ICH BESCHÜTZE, WAS ICH LIEBE, UND SETZE MICH DAFÜR EIN"

Kleine Meditation

Nimm das strahlende Sonnenlicht in der Venus wahr und die tiefen Schichten der Schicksalsverläufe, die im Mond (Unterbewusstsein) gespeichert sind. Verbinde dich mit dem herrlichen Glanz von Ishtar/Inanna. Sie hüllt dich in ihren Schutz und in ihre Stärke ein. Sei mutig und öffne deine Seele weit. Sie führt dich zu Stellen in deinem Leben, in denen Unrecht geschehen ist. Gestehe dir deine wahren Gefühle ein. Lasse sie aufleuchten und auflodern. Sprich innerlich aus deinem Herzen, was dazu gesagt werden sollte. Ishtar/Inanna fordert dich auf, für dich einzustehen und in der Wahrheit zu stehen. Verweile in der Situation, bis alles gesagt und getan wurde, damit die Situation für alle Beteiligten in den Ausgleich und damit in die Heilung gehen kann. Ishtar/ Inanna unterstützt dich dabei. Hol dir deine Kraft, deine Power zurück. Wenn es noch etwas im Außen zu tun gibt, so tu es. Befreie dich aus alten Fesseln. Stehe für dich ein.

Bedeutung der Karte

Ishtar/Innana ist eine alte mesopotamische Planetengöttin der Venus. Sie ist eine schwer zu erfassende Göttin und wird der Sinnlichkeit, dem Sex und der Kriegeskunst zugeordnet. Sie wurde im Morgen- wie im Abendland als achtzackiger Stern verehrt. Ihr Symboltier ist der Löwe. Sie war größer als alle Götter, allumfassender und mächtig. Sie erleuchtete den Himmel und die Erde. Sie entscheidet mit Gerechtigkeit und bringt den Ausgleich, da wo Unrecht geschehen ist. Sie hilft uns, die Liebe zu beschützen, zu verteidigen und für diese Liebe einzustehen. Venus und die Sonnenkraft schenken uns Mut, zu dem zu stehen, was man liebt, dafür zu kämpfen, es zu verteidigen, zur Not auch mit dem Einsatz seines Lebens. Ishtar schenkt dir

Kraft, für dich und deine Lieben einzustehen, Unrecht aufzudecken und Wege der Kraft zu wählen. Wofür stehst du? Wofür möchtest du dich einsetzen?

Positiv: Treue, Stärke, Klarheit, gesunde Grenzen, Löwenherz, Unabhängigkeit, tun was getan werden muss, konstruktive Auseinandersetzungen, klare Entscheidungen, Hier und Jetzt
Negativ: überbehütend, Angst, Streit, Krieg, Rache, Gift, Ver-bissenheit, Machtmissbrauch, ausweichen, schlechtes Gerede, Ungerechtigkeit
Affirmation: Ich bin und bleibe mir selbst treu. Ich vertraue auf mich selbst. Ich setzte mich aus der Liebe meines Herzens für die Wahrheit ein. Ich ziehe gesunde Grenzen. Ich bin im Schutz der großen Liebe hier.

29. Aphrodite

GÖTTIN DER LIEBE

„DER NEKTAR DER LIEBE IST HARMONIE, SCHÖNHEIT, SINNESLUST UND GENUSS. SIE SIND DIE GESCHENKE DER LIEBE UND WOLLEN IN IHR GEKOSTET WERDEN"

Kleine Meditation

Komme zu dir selbst. Nimm deinen Körper, dein Herz und deine Seele wahr. Liebe, Licht und Frieden strömen in dich hinein und mit dem Ausatmen fließt das Licht in dich hinein und verteilt sich in dir und um dich herum. Nimm deine innere Aphrodite wahr, dein wunderschönes, zartes, liebevolles, reines Wesen. Wie erscheint sie dir? Was braucht sie, um zu erstrahlen? Lass sie immer stärker werden in dir. Spüre den Zauber, die Romantik und den Anmut in dir immer stärker werden. Spüre die magnetische, reine, zauberhafte Anziehungskraft, die in dir wohnt. Immer mehr baut sich eine wunderschöne Atmosphäre der Liebe, der Zartheit, der Schönheit in dir und um dich herum auf. Deine innere Aphrodite beginnt zu erblühen und immer mehr aufzuwachen. Ihre Bewegungen sind anmutig, ihr Blickbezaubernd, ihre Sinne zart. Lass dir Zeit, immer mehr mit der zauberhaften, wunderschönen, reinen Kraft der Aphrodite in dir in Kontakt zu kommen. Spüre immer mehr ihr Erwachen in dir. Gib Aphrodite in dir Raum. Was braucht sie? Was möchte sie? Was unterstützt die Entfaltung der Aphrodite in deinem Leben? Spüre ihre Energie in jeder Zelle deines Seins. Bade in dieser Vibration und in dieser Energie. Lass sie durch dich in dein Leben zurückkehren.

Bedeutung der Karte
Aphrodite ist die lieblichste, schönste und anziehendste der Göttinnen der Griechen. Sie ist die Göttin der Liebe, der Schönheit, der Harmonie und der Sinneslust. Erscheint sie in deinem Leben, möchte sie dich an deine Schönheit, deine romantischen und wunderbarsten Gefühle der Liebe, des Friedens und des Lichtes erinnern. Reinige dich. Tu dir etwas Gutes, so dass Aphrodite in dir gestärkt und erweckt wird, heilen und sich in ihrer vollen Schönheit entfalten kann. Es ist Zeit für Wellness, für Ruhe, für ein wunderbares Bad in Rosenblüten, für kostbare Öle, für ein romantisches Abendessen zu zweit - Zeit, die Schönheit und Liebe im Leben zu feiern. Es ist Zeit, zu vergeben, loszulassen und neu in deiner Schönheit, deiner wahren weiblichen Kraft deine zarte, wunderschöne Seite aufzuwecken, dich neu zu fühlen in Schönheit und Liebe. Feiere und zelebriere die Liebe und die Schönheit des Lebens. Berühre die Seele.

Positiv: romantisch, einzigartig, Schönheit, Frieden, sensitiv, Harmonie, die Kraft der Träume, Licht in jeder Zelle, magnetisch, anziehend, zart, seelenberührend, tief empfindsam, einfühlsam, Balsam
Negativ: selbstverliebt, empfindlich, sich schnell zurückziehend, verschlossen, unzugänglich, hart
Affirmation: Ich bin einzigartig und wunderschön. Jede Zelle meines Körpers leuchtet in einem zarten Licht der Liebe, des Lichtes und des Friedens. Ich bin in tiefer Harmonie mit mir selbst, in meinem Herzen und in meinem Körper. Die innere Schönheit strahlt durch alle Zellen meines Seins in die äußere Welt.

30. Hathor

SONNENWESEN DER LIEBE UND DER WEIBLICHKEIT

„DIE NIEDRIGSTE SCHWINGUNG EINER NEUEN DIMENSION IST DIE EKSTASE. ÜBE DICH DARIN!"

Kleine Meditation

Verbinde dich mit Hathor, der Göttin der Liebe. Stell dir vor, die Liebe hätte einen Klang, wie würde sie klingen? Schließe deine Augen. Fühle den heiligen Ton in dir. Lasse ihn immer deutlicher in dir werden, bis er über deine Lippen fließt. Lass deinen Ton erklingen. Stell dir zu deinem Ton eine oder mehrere Farben vor, die dir jetzt gut tun. Konzentriere dich auf die Stellen in deinem Sein, die Heilung brauchen. Sende Ton, Klang und Farbe konzentriert dorthin. Spüre die Vibration, die Aufladung und die Heilung, die an diesen Stellen passieren. Töne eine ganze Zeit lang konzentriert. Fühle nach. Deine Stimme ist Schöpferkraft, dein Klang Heilung für Körper, Geist und Seele. Verbinde dich mit dem Klang. Höre Musik, singe und lass die Stimme ertönen.

Bedeutung der Karte

Hathor erscheint in deinem Leben, um dich an den Klang der Vollkommenheit zu erinnern. Was schenkt dir Freude? Was bringt dein Herz zum Singen? Was tut deiner Seele gut? Das Leben wurde dir geschenkt, um zu wachsen, zu reifen, dich zu entwickeln, zu erblühen und einzutreten in größere Bewusstseinsstufen und Liebesschwingungen. Hathor ist die ägyptische Göttin der Liebe. Sie wird in Frauengestalt mit Kuhhörnern und Sonnenscheibe oder als Kuh dargestellt. Sie wurde in allen Frauenangelegenheiten angerufen. Empfängnis, Niederkunft, Wehen, Schönheit, Pflege, Bewegung und Tanz, Klang und Musik, Kosmetik, Medizin, Tod und Übergang. Sie spendet Leben, Licht und Wärme und hilft den Verstorbenen den Weg ins Licht zu finden. Priesterinnen der Hathor waren eingeweiht in Tanz, Gesang, Musik, Körperarbeit, Massage, das heilige Tantra, die Kunst der Liebe und Weissagungen. Erscheint Hathor, so widme dich den Liebeskünsten. Tanze, singe, höre Musik, Öle dich ein und genieße dein Sein.

Positiv: Extase, Liebe, Klang, Ton, Einweihung in die weiblichen Mysterien
Negativ: Verteufelung, Entwertung, Missachtung, Dominanz, Unterdrückung
Affirmation: Der heilige Klang der Liebe wohnt allem Leben inne. Achte die Liebe auf all ihren wundervollen Wegen.

31. Isis

EINSAMMELN DER SEELENTEILE

„HOLE DEINE LIEBESKRAFT ZU DIR ZURÜCK."

Kleine Meditation
Nimm dir Zeit. Verbinde dich mit Isis, der großen Mutter der unbegrenzten, reinen Liebe. Nimm ihre goldenen Schwingen wahr, die sie um dich legt, dich hält und beschützt. Aus diesen Schwingen fließt Licht in den Farben, die deine Seele braucht. Es wird Zeit, deine Seelenteile einzusammeln und wieder vollständig zu werden. Spüre in deine Seele hinein. Nimm intuitiv ohne nachzudenken wahr: Wieviel Prozent deiner Seele sind voll präsent? Wieviel Prozent fehlen dir? Erlaube, dass Erinnerungen auftauchen, wo deine Seele sich zurückgezogen und abgespalten hat, sich getrennt aus der Einheit fühlte. Isis beginnt aus diesen Situationen deine Seelenanteile herauszulösen, einzusammeln und sie zu heilen. Mache dich bereit, diese Anteile wieder zu empfangen. Das kann auch über Nacht geschehen. Sammle deine Seelenkraft ein, so dass du wieder in deinem ganzen Leuchten und voll präsent im Leben wirken kannst.

Bedeutung der Karte
Die ägyptische Göttin Isis erscheint in deinem Leben, um dich an die Kraft der Weiblichkeit zu erinnern und dich einzuweihen in die grenzenlose Kraft der unermesslichen Liebe. Liebe hat alle Zeit der Welt. Alles kann in die Liebe zurückgeführt werden, wenn wir uns bemühen. Mach dich auf und beginne alle Anteile deiner Seele, dein altes Wissen, die uralte Weisheit, dein ganzes Potenzial zu erwecken, verlorene Anteile zu dir zurückzurufen und dich mehr und mehr zu erfüllen. Isis begleitet dich und wandelt mit dir auf dem weiblichen Mysterienweg deiner Einweihung in das ewige Leben.

Positiv: Seelenrückholung, Erweckung, Einweihung, Ausgleich, Seelenblick, Aufbruch, Entwicklung, Entfaltung, neues Potenzial, neue Erfahrungen im Licht und in der Liebe

Negativ: Seelenverlust, Kraftlosigkeit in vergangenen Situationen festhängen, in alte Muster verfallen, Opfer statt Schöpfer zu sein, Depression, Unausgewogenheit, Flucht in Krankheit

Affirmation: Ich bin bereit, neue Wege zu gehen. Die Kraft meiner Seele vervollständigt sich jetzt. Ich lasse mich führen aus dem höchsten Licht und der größten Liebe. Alles, was zu mir gehört, und noch viel Besseres kommt jetzt zu mir zurück. Ich erwache im höchsten Licht und erkenne die wahre Kraft, die mich führt, lenkt und leitet.

32. Shekina

WEIBLICHE SCHÖPFERKRAFT

„BRINGE MOND, SONNE UND VENUS IN EINKLANG"

Kleine Meditation
Verbinde dich mit Shekina. Sie berührt dein Energiefeld. In ihrer Gegenwart und Berührung kannst du immer mehr die Farben, Muster, Vibrationen und feinstofflichen Lichtstrukturen erkennen. Lass dir Zeit, immer mehr in die Muster und

feinen Lichtstrukturen hineinzutauchen. Shekina führt dich zu künstlichen, von Menschenhand gemachten Siegeln, welche Energien binden, den Energiefluss unterdrücken, die Energie abziehen und den Lichtfluss blockieren. Sie hilft dir, diese Siegel und Blockaden zu lösen und zu entfernen, so dass deine Lichtstrukturen sich wieder an der heiligen Geometrie ausrichten können. Bemerkst du Löcher oder Wunden in deinen Energiestrukturen, so bitte Shekina und unzählige Engelscharen, diese zu reinigen, neu auszurichten, wieder zu verbinden, zu heilen und den natürlichen göttlichen Energiefluss wieder herzustellen. Bedanke dich bei Shekina. Sie hilft, die Lichtlinien auch in Menschen, in Tieren, in allem Leben und in der Erde zu befreien und den natürlichen, gottgewollten Energiefluss wiederherzustellen.

Bedeutung der Karte
Shekina ist eine der ältesten Engelgöttinnen und die weibliche Seite von Metatron, sie berührt dein Leben. Sie nimmt dich an die Hand und führt dich in die innere Welt des Lichtes. Erblicke die Heilige Geometrie, das heilige Muster der Schöpfung in allem, hinter jeder sichtbaren Form. Shekina hilft dir, das feinstoffliche Gewebe deiner Seele zu heilen, zu flicken, alte Muster zu beenden und neue Muster im Einklang mit dem göttlichen Plan zu erstellen. Welches Muster möchte beendet und abgetrennt werden, wie ein Schal, der fertig gestickt ist? Welche Muster dürfen geheilt, repariert und neu verbunden werden? Welche Maschen sind runter gefallen und haben ein Loch in deinem heiligen Gewebe erzeugt? Du kannst hier und heute neue Muster im Einklang mit dem göttlichen Plan beginnen, indem du dich auf das höchste Licht und das höchste Wesen in dir ausrichtest.

Positiv: Paradigmawechsel, Heilige Geometrie, Heilung der ursprünglichen Lichtstrukturen, Lösung von künstlichen Siegeln, fesseln, Bindungen die nicht mehr dienen, Befreiung, Erweckung, Heilung
Negativ: Süchte, schädliche Muster weiter verfolgen, nicht

loslassen, Unwert, geringer Selbstwert, Opfer, Trennung, nicht fühlen können, statisch statt fließend

Affirmation: Die Seele heilt alte Wunden, Narben und künstliche Blockaden lösen sich. Die Lichtstrukturen verbinden sich wieder. Das göttliche Licht strömt herein, um sich zu zeigen.

33. Archaii - Weiblicher Erzengel

GÖTTLICHE QUALITÄTEN DES LIEBESLICHTES

„HOFFNUNG, BARMHERZIGKEIT, GNADE, RUHE, LIEBE, VERGEBUNG. WELCHE DER GÖTTLICHEN QUALITÄTEN BRAUCHST DU IN DIESEM MOMENT?"

Kleine Meditation

Stell dir ein sanftes Regenbogenlicht um dich herum vor. Die Farben, die jetzt für dich wichtig sind, lösen sich und beginnen deine Aura und dein feinstoffliches System aufzuladen. Eine Farbe wird immer deutlicher. Aus dieser Farbe löst sich eine wunderschöne Archaii, ein weibliches, sanftes Engelwesen. Sie taucht dich in diese wunderschöne Farbe und nimmt dich mit in einen Lichttempel, so dass du die sanfte Kraft dieser Farbe noch deutlicher in dir wahrnehmen kannst. Du kannst eine Frage stellen oder das, was du auf dem Herzen hast, vortragen. Sie hat eine Botschaft für dich. Vielleicht auch eine Anweisung oder einen Auftrag. Vertraue ihr.

Bedeutung der Karte

Archaii sind die weiblichen Erzengelinnen. Jeder Erzengel hat eine weibliche Kraft, die den inneren Raum hält. Wann immer du dich mit den Erzengeln verbindest, beachte die weibliche, die Yin-Seite der Engel, z.B. Erzengel Michael blau, Yin-Seite Archaii des Glaubens. Der blaue Mantel des Schutzes, Innenschau, dem Licht im Innen folgen. Die Yin-Seite führt dich in die empfängliche Seite. Hier kannst du die Impulse und Qualitäten, die aus dem Licht kommen, empfangen und ihnen folgen. Übe dich im Öffnen, der Innenschau und der empfänglichen, offenen Haltung für die Zeichen, die der Himmel sendet. Welche göttliche Qualität möchtest du mehr in deinem Leben stärken? Schutz, göttliche Führung, bedingungslose Liebe, Nächstenliebe, Gnade, Barmherzigkeit, Wahrheit, Glückseligkeit, Segen? Bitte die Archaii, dich zu unterstützen, diese Qualität mehr in dein Leben zu holen, so dass sie in dir und durch dich wirken kann.

Positiv: durchlässig, empfänglich, ein Gefäß des göttlichen Lichtes in all seinen Qualitäten
Negativ: ungeduldig, nicht verbunden, verschlossen
Affirmation: Ich öffne mich. Ich höre in die Stille und empfange deutlich und klar die göttliche Weisung und die Zeichen des Himmels.

34. Erzengel Gabriel & Archaii der Hoffnung

FÜRCHTE DICH NICHT!

„RICHTE DEINEN GEIST IM LICHT, DEIN HERZ IN DER LIEBE UND DEINE SEELE IN IHREM SCHÖNSTEN LEUCHTEN AUS."

Kleine Meditation

Der Mond geht auf. Das silberweiße Mondlicht beginnt dich aufzuladen. Aus diesem reinen, hellen, strahlenden Licht erscheint eine helle, strahlende Engelgestalt. Die Archaii der Hoffnung. Sie hüllt dich noch mehr in ihr blütenreines, silbrig-weiß schimmerndes, kristallines Licht. Sie reinigt dich vom Staub der Straßen des Lebens. Immer heller und klarer. Im Tempel des Mondes erkennst du die Archaii der Hoffnung zusammen mit Erzengel Gabriel, der dir im Dunkeln den Weg leuchtet. Spür die Balance und die Einheit von Männlich und

Weiblich und spüre, wie deine weibliche und deine männliche Seite ineinanderschmelzen zu einer Einheit, so dass du immer mehr zu der wunderschönen Lichtgestalt wirst, die du bist. Die Schmerzen der Trennung heilen. Die unbegrenzten Quellen des Lichts fangen in dir an zu sprudeln. Dein inneres Führungssystem verstärkt sich mehr und mehr. Du fühlst dich aufgeladen und bereit, die Botschaft von Erzengel Gabriel zu empfangen. Nimm an, was dir gesagt oder gezeigt wird. Fürchte dich nicht, du bist göttlich geführt.

Bedeutung der Karte
Erscheinen Erzengel Gabriel und die Archaii der Hoffnung, so ist es Zeit, dich neu im Lichte auszurichten. Ziehe dich nach innen zurück. Faste, reinige dich, kehre ein, leere deinen Geist, um dich für die göttliche Führung und das göttliche Licht zu öffnen.

Positiv: Reinigung, Energieerhöhung, neue Wege, Seelenbotschaft, innere Quelle, Intuition, göttliche Führung, Neubeginn, Kraft von Innen, reine Lichtkraft
Negativ: nicht verbunden, ängstlich, verirrt, nicht bei sich, beeinflusst, mit sich ringend
Affirmation: Ich vertraue auf die göttliche Führung.

35. Sanat Kumara & Lady Venus

ALLES IST BEREITS IN DIR

„ENTFACHE DEN GÖTTLICHEN FUNKEN IN DER DUALITÄTSEINHEIT“

Kleine Meditation
Verbinde dich mit dem aufgestiegenen Meisterpaar Lady Venus und Sanat Kumara. Spüre, wie du in gold-silber-rosa-orangenes Licht eingehüllt wirst. Spüre die sanfte, feine und doch

kraftvolle Energie der Liebe. Mal in Silber, mal in Gold, mal in Kupfer. Nimm dieses Licht auf, das sich über dich und in dich ergießt. Spüre es. Fühle immer mehr das feine, zarte Lichtgewand deiner wahren Substanz. Immer heller und klarer beginnt es zu leuchten. Während du dieses Licht aufnimmst, strömt es über deine Füße und Hände und über dein Herzchakra in alles hinein, womit du sichtbar und unsichtbar verborgen verbunden bist. Spüre die feinen Lichtströme, die alles aufladen, erhöhen, reinigen, stärken - in dir und rund um die Erde. Bewahre die Energie des Lichtes. Lade dich immer wieder auf. So kannst du es, wo immer du bist, in die Welt und in die Herzen, die in allem Leben pulsieren, hineinstrahlen

Bedeutung der Karte

Sanat Kumara und Lady Venus zählen zu den aufgestiegenen Meistern der Venus. Sie erinnern dich an das Licht in dir, das aus der Quelle kommt und keine weitere Quelle benötigt. Je mehr wir uns an diese Quelle wenden und uns von ihr durchströmen lassen, desto feiner und leichter wird unser Körper. Übe dich in Liebe, Achtung, Respekt und Wertschätzung. Wähle friedliche Wege aus deinem Herzen, indem du immer wieder Rückzug, Frieden und Stille wählst, um dich auf das ewige Licht in dir auszurichten. Wenn du dich im Lichte ausrichtest, kann es wirken, wo immer du bist.

Positiv: Frieden, Stille, Einheit, Erkenntnis, Wachstum, Erleuchtung, Bewusstsein, Verbundenheit

Negativ: Polarisierung, Bewertung, Trennung, Zweifel, Angst, Überheblichkeit

Affirmation: Frieden! Sei still und wisse: Ich bin Licht. Ich BIN das Licht.

36. Liebe & Erotik

ANZIEHUNGSKRAFT - MAGNETISMUS

„EROTIK IST DER SICH VERSTRÖMENDE DUFT DER LIEBE, DER ALLES MAGISCH IN DEIN LEBEN ZIEHT. SO ÖFFNE DEINE BLÜTEN UND VERSTRÖME DICH."

Kleine Meditation

Erotik ist ein Stück Paradies, in dem sich der Himmel öffnet und uns in seinen kostbaren Nektar eintauchen lässt. Es ist der Klebstoff der Liebe, die Schwelle in das Unbegreifliche. Nimm dir Zeit. Komm ganz in den gegenwärtigen Augenblick. Öffne dich für die Erotik, die feine, zarte, sonnige Liebesmacht der Venus, die sich hinter allem webt. Lass dich immer mehr in den gegenwärtigen Augenblick hineinfallen und öffne dich der Zartheit und Feinheit der Liebe. Spüre die Kraft der Anziehung in jeder Pore und in jeder Zelle deines Seins. Öffne dich in Hingabe diesem Moment. Spüre, wie die Göttin in dir erwacht, in all ihrer Schönheit, Sinnlichkeit, in all ihrer Pracht, in ihrem ganzen Sein. Öffne alle deine Sinne. Lass dir Zeit. Schmecke, fühle, berühre, nimm den Duft des Paradieses und der Vereinigung mit allem Sein wahr. Gib dich hin.

Bedeutung der Karte

Spüre die zarte, anziehende, feine Kraft der Seele, die sich zwischen den Zeilen webt und die Seelen verschmilzt. Wir können sie stark spüren, aber nicht greifen. Erotik ist frei, nicht zu bändigen und nicht zu unterwerfen. Sie entsteht aus dem gegenwärtigen, tiefen Augenblick der echten Begegnung. Sie kann etwas Flüchtiges, Scheues haben, sich schnell wieder zurückziehen. Sie kann nicht erzwungen werden. Sie ist die tiefste Hingabe der Seelenliebe. Diese feine, zarte, anziehende Liebesmacht kann dir alles in dein Leben ziehen, was du dir wünscht. Entschleunige, verbinde dich mit der Seele. Spüre die feinen Antennen und Seelenverbindungen, die alles Leben miteinander auf feine, sanfte, zarte Weise verbinden.

Positiv: Hingabe, Achtsamkeit, Gegenwärtigkeit, Kontakt mit der Seele, fühlen, Zartheit, Vorahnung, Seelenausdruck, Empfängnis, Eintauchen, Einssein, Flow, Energiefluss, Ganzheitlichkeit
Negativ: Abhängigkeit, Irrtum, Unkenntnis, Sehnsucht, Passivität, Bitterkeit, Enttäuschung, manipulativ, Angst vor Zurückweisung, Entwertung, Moral, Körperfeindlichkeit, Perversion
Affirmation: Ich gebe mich jeden Augenblick in Achtsamkeit hin. Die Kraft der Anziehung wird immer stärker in mir. Ich erlaube, dass entstehen darf, was entstehen will.

37. Seelenpartner

DU UND ICH, UNSERE SEELEN SIND URALTE FREUNDE

„ICH ERKENNE DICH. ICH SEHE DICH."

Kleine Meditation
Im Herzen gibt es ein Band, das dich mit deiner Seelenfamilie verbindet. Stimme dich auf deine Seeleneinheit ein. Spüre all die Seelen, mit denen du in der Tiefe im Mond und Sternenlicht verbunden bist. Spüre das Liebesband der Einheit und das Sonnenlicht, das euch jetzt zusammen führt. Atme dich immer mehr in den Tempel deines Herzens. Stelle dir vor, du stehst in einem wunderschönen, runden, strahlenden Tempel in deinem Herzen. Er ist von fein schimmernden Säulen gehalten und nach allen Seiten offen. Du befindest dich in der Mitte in einem Kreis. Es ist Zeit, die Seelen zu treffen, mit denen du verbunden bist. Lade sie ein und warte, bis du ihre Gegenwart wahrnimmst. Es kann eine Seele oder eine ganze Gruppe sein. Wenn alle sich versammelt haben, dann sprich aus dem Herzen, was du zu sagen hast. Höre zu und berate dich mit deinen Seelenpartnern. Es kann sein, dass du die eine oder andere

Seele in der nächsten Zeit treffen wirst. Ihr werdet es tief in euch spüren. Spüre, wie unermesslicher Segen aus den höchsten Ebenen in die Seelengruppe fließt und strömt.

Bedeutung der Karte
Seelenpartner bezieht sich nicht auf die Partnerschaft, sondern auf Begegnungen von zwei Personen, Gruppen und Menschen, die in der Seele verwandt sind. Die Wege von Seelenpartnern und Seelengruppen sind vorbestimmt. Lange vorbereitet sind die Treffen, die jetzt geschehen sollen. Verbinde dich erst im Herzen. Alles andere wird folgen. Da ihr in der Seele verbunden seid, ist eure Verbindung ewig und hat alle Zeit der Welt. Hier auf der Erde mag es nur ein kurzes, intensives Treffen sein, in dem ein tiefer Austausch von wichtigen Informationen geschieht. Seelenverbindungen folgen den geistigen, nicht den irdischen Gesetzmäßigkeiten. Sie helfen sich gegenseitig, zu erinnern und zu wachsen. Eine Begegnung hat große Bedeutung für dich. Sie hilft dir, zu wachsen und zu erwachen. Vertraue.

Positiv: erkennen, verstehen jenseits der Worte, Einheit, tiefer Austausch, Erlösung
Negativ: schmerzhafte Seelenerinnerungen, Wiederholung von alten Mustern, verhaftet sein
Affirmation: Ich bin Seelenmonade. Ich lasse den Segen in meine gesamte Seelenfamilie rund um die Welt hinein strömen.

38. Zwillingsseele

EINHEIT, EINSSEIN

„AUS ZWEI WURDE EINS. DIE DUNKELHEIT, SIE IST VERGANGEN"

Kleine Meditation

Sei bereit, deiner Zwillingsseele zu begegnen. Stell dir vor, du betrittst den Tempel der Venus in deinem Herzen. Ein wunderschönes Heiligtum, umgeben von Wasser in einem blühenden Garten. Die Sonne geht auf und der Mond schimmert am Himmel. Rosa, Gold und Blau – die Farben des Sonnenaufgangs – spiegeln sich im See und tauchen die ganze Landschaft in ein bezauberndes Licht. Du nimmst ein Bad in diesen Farben und wie die Venus selbst tauchst du aus den Wellen auf und gehst ans Ufer. Dort liegt ein wunderschönes Gewand. Plötzlich bemerkst du eine bezaubernde Gestalt im Tempel der Venus. Dein Herz fängt an zu klopfen. Du spürst die Verbindung und bewegst dich auf diese Seele zu. Du hast diesen Teil lange vermisst und in der Berührung ist es dir, als ob aus zwei eine vollständige Einheit wird. Im Moment der Berührung klickt es und es ist, als ob zwei getrennte Teile ineinander passen und zu etwas Größerem verschmelzen. Es beginnt ein kosmischer, elektronischer Strom aus dem Universum zu fließen, der immer stärker wird. Da ihr füreinander geschaffen seid, öffnet sich ein neuer Raum im Himmel. Ihr tretet ein in die Einheit des Seins. Genieße die Verschmelzung der Einheit und danke deiner Zwillingsseele auf der geistigen Ebene, dass ihr euch wieder verbunden habt.

Bedeutung der Karte

Um der Zwillingsseele zu begegnen, ist es wichtig, für sich alleine vollständig, rund und ganz zu sein und von der Aufmerksamkeit und Bedürftigkeit nach Liebe frei zu sein. Ganzheit zieht Ganzheit an. Beginne heute, dich immer mehr als vollständig, glücklich und ganz zu empfinden. Entwickle dein spirituelles Wesen. Was kannst du geben, was von Herzen teilen? Welche Geschenke und Blumen hältst du in der Liebe bereit, ohne zu fordern, zu wollen und zu verlangen? Die Zwillingsseele ähnelt sehr der eigenen Seele, man ist füreinander bestimmt und kennt sich schon lange. Man kann sich in der Vollständigkeit der entwickelten Liebesfähigkeit erkennen. Es ist ein Wiedersehen in der Liebe, Loyalität und Treue füreinander auf einer ganz tiefen Ebene jenseits der Worte. Es fühlt sich an wie zwei Teile, die schon immer zusammengehört haben und jetzt wieder zusammen sind. Zwillingsseelen haben oft eine Aufgabe für etwas Größeres.

Positiv: Einheit, Harmonie, kosmische Symphonie, verstehen ohne Worte, gemeinsame Aufgabe für die Welt
Negativ: Unvollständigkeit, Verlustangst, Überforderung, sich aus dem Blick verlieren, schmerzhaft starke Empathie
Affirmation: Ich bin bereit für neue Stufen der Liebe. Ich erwache in die wahre Liebe hinein.

39. Dualseele

WACHSTUM UND SEELENINTEGRATION

„ICH HELFE DIR, DICH ZU BEFREIEN"

Kleine Meditation

Stell dir vor, du befindest dich im Tempel der Venus. Er ist lichtdurchflutet und rein und liegt an einem tiefen Wasser. Eine Seele, mit der du ein großes Thema hast, erscheint in diesem Tempel. Leg deine Hände auf dein Herz und sprich aus, was du auf dem Herzen hast. Höre, was die andere Seele dir zeigt oder mitteilt. In dem klaren See, der wie ein reiner Spiegel im Mondlicht daliegt, tauchen frühere Leben und alte Rollen auf. Spüre, über wieviele Leben ihr schon verbunden seid. Eine Szene wird nun klarer und deutlicher. Ein Engel der Venus erscheint in eurer Mitte und führt dich in die alte Situation und du spürst alle alten Gefühle. Der Engel der Venus lässt die Vereinbarungen, die ihr vor dem Eintritt in dieses Erdenleben getroffen habt, immer deutlicher werden. Ihr werdet gefragt, was ihr voneinander gelernt habt und ob ihr bereit seid, diese Vereinbarungen jetzt zu lösen. Die alten Stricke, die euch an eure Fehler, niedrigen Gefühle und an die Fehler des anderen gebunden haben, werden jetzt gelöst. Verneigt euch von Herz zu Herz, von Seele zu Seele, von Geist zu Geist. Eure Aufgabe kann nun anders oder getrennt weitergehen. Der Engel der Venus übermittelt dir noch eine Botschaft oder eine Anweisung. Bedanke dich für alle Erkenntnisse. Spüre die Heilung und die Salbung deiner seelischen Wunden und komme in deiner Zeit zurück.

Bedeutung der Karte
Dualseelen kennen sich seit vielen Inkarnationen. Man könnte sie auch übersetzen mit „Du olle Seele." (Du alte Seele) Dualseelenbegegnungen sind eine Herausforderung, da sie in der Begegnung oft schmerzhafte Erinnerungen nach oben bringen, die Frieden finden wollen. Eine Dualseele tritt in das Leben, wenn man in einem starken inneren Ungleichgewicht ist, bestimmte Anteile noch nicht integriert hat, wachsen und lernen soll. Sie dient der seelischen und geistigen Entwicklung, zum Teil der Karmaauflösung oder der Vollendung einer in anderen Inkarnationen nicht gelösten oder vollendeten Aufgabe. Von daher kann sie schmerzhaft sein, ist aber auf anderen Ebenen vereinbart. Frage dich: Wo war ein Ungleichgewicht in mir? Was sollte ich lernen? Was sollte ich erfahren? Welcher Auftrag sollte gelöst und erfüllt werden? Welche uralten Bindungen und Vereinbarungen gelöst?

Positiv: Wachstum, Lösung, Befreiung, Reifung, Erkenntnis, in das eigene Gleichgewicht kommen, Anteile integrieren und fortan selbst im Leben leben und umsetzen
Negativ: Wiederholung, neue Verstrickungen, nicht verzeihen können, Blindheit, verhaftet mit sein, in alten Mustern hängen bleiben, neues Karma, weitere Runden
Affirmation: Ich vergebe und verzeihe. Ich erkenne mich in meiner Vollständigkeit an und lebe mein gesamtes Potenzial.

40. Spiritualität, Sexualität und Schöpferkraft

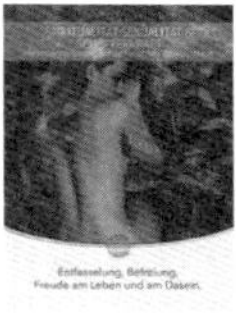

HIMMSCHLISCHE LIEBE, SCHÖPFERISCHES BEWUSSTSEIN

„ENTFESSLUNG, BEFREIUNG, FREUDE AM LEBEN UND DASEIN"

Kleine Meditation

Stell dir vor, du befindest dich an einem wunderschönen Platz am Meer. Du entledigst dich deiner Kleidung und tauchst, so wie du bist, in die Wellen des Meeres ein. Das Wasser liebkost deine Haut und hüllt dich in seine warme, sanfte, umspülende Kraft. Es berührt dich an jeder Stelle deines Seins. Genieße die Umarmung und Liebkosung des Wassers. Du spürst deinen Körper, deine Seele, deinen Geist und das Meer der unendlichen Freude. Jede Trennung in dir zwischen deinem spirituellen Körper, deinem physischen Körper und deiner Sexualität werden aufgelöst. Fühl dich immer mehr in der Ganzheit deines Seins, inmitten der Schönheit des Lebens. Langsam steigst du aus den Wellen, spürst die Sonnenstrahlen auf der Haut und wie sie den Körper wärmen und trocknen. Lass dich von deinen geistigen Helfern ölen und salben, dass all die Trennungen und Wunden, die durch die Trennung der Einheit geschehen sind, heilen können. Spüre, wie sich Sexualität und Spiritualität, Seele und Geist wieder in deinem Herzen vereinen. Sonne, Mond und Venus sind eins. Das Leben ist heilig. Feiere die heilige Hochzeit in dir, in der du alle Teile des Seins in die Einheit des Himmels und in die Liebe zurückbringst. Liebe ist heilig.

Bedeutung der Karte

Lange wurden Sexualität und Spiritualität getrennt und als Gegensatz aufgefasst. Entweder du gingst den irdischen Weg, dann konntest du nicht in Gott sein, oder du gingst den spirituellen Weg, dann musstest du im Zölibat leben. Spirituelle Sexualität oder sexuelle Spiritualität heilen den heiligen Raum der Schöpfung und überwinden einschränkende, menschengemachte Moralvorstellungen und erlittene Verletzungen. Die innewohnende, schöpferische Kraft der Sexualität kann der spirituellen Entwicklung und der Erweiterung des Bewusstseins in die unermessliche Liebe dienen und das Licht des Himmels auf die Erde bringen. Besonders auch in den Kindern, die in dieser Liebe gezeugt und empfangen werden. Heile dich selbst. Neue, allumfassende Erfahrungen der Liebe auf allen Ebenen sind möglich. Die Ausrichtung dafür beginnt in uns. Du kannst alte Vorstellungen, Ängste und Siegel jetzt überwinden. Befreie und entfessle dich in schöpferische Liebeskraft. Die Liebe überwindet alle Grenzen.

Positiv: Schöpferkraft, Fruchtbarkeit, Lebendigkeit, Einheit, Heilung, Überwindung, Lust Transzendenz, Erfüllung auf allen Ebenen, Genuss, heilige Hochzeit, innige Verbundenheit, intensive Herzverbindung, Vertiefung der Liebe, Heilung und Ehrung der Weiblichkeit, Hingabe
Negativ: Sucht, Suche, Flucht, Selbstsucht, Moralvorstellungen, Trennung, Sünde, Verteufelung, Triebbefriedigung, Körperfeindlichkeit
Affirmation: Ich entfalte die Schlange des Lichts in die Einheit im glühenden Brennen in der ewigen Liebe auf allen Ebenen jetzt. Ich erhebe mich in jeder Faser meines Seins in das Licht des Himmels, aus dem ich bestehe.

41. Das Venusmuster

DAS HERZ DES KOSMOS

„ÖFFNE DEIN HERZ IN DIE LIEBE DES ALLS“

Kleine Meditation

Betrachte das Venusmuster. Es ist das Muster, das die Erde und die Venus gemeinsam in ihren Laufbahnen um die Sonne ziehen. Lass dich immer tiefer in das Muster hineinziehen. Spüre die Harmonie, die Schönheit und Tiefe der Liebe. Je tiefer du in das Zentrum des Venusmusters hineintauchst, desto mehr kommst du im Feld der unermesslichen Liebe an. Spüre, wie die Blüten in dir erblühen. Die Knospen, der Lotus, die Rose, der tausenblättrige Lotus am Kronzentrum. Spüre, wie jede Zelle in der Liebe erwacht und in der unermesslichen Liebe erblüht. Sende den Blütensegen an alle Menschen, Tiere, Plätze, die du liebst. Spüre, wie die Blüten aus reinem Licht Frieden, Freude, Heilung, Sanftheit, Zartheit und Liebe bringen.

Bedeutung der Karte

Das Venusmuster entfaltet sich durch Rhythmus, Schönheit und Harmonie. Es ähnelt einem wunderschönen Mantra. Wie ist dein Lebensrhythmus? Achte auf Gleichmäßigkeit und Rhythmus im Leben. Fang mit deinem Atemrhythmus an. Wie atmest du? Gleichmäßig, tief, oberflächlich, bis in dich hinein? Schönheit und Harmonie entfalten sich durch Liebe, Wärme, Zuverlässigkeit, Ausdauer und Rhythmus. Durch Wärme und Gleichmäßigkeit entsteht tiefes Vertrauen, Verständnis. Nimm dir vor, etwas in einem bestimmten Rhythmus auszuführen und bemerke die Energie, die ihre Wirkung in diesem Rahmen immer mehr entfaltet.

Positv: Schönheit, Hingabe, Rhythmus, Gleichgewicht, Balance, Vertrauen, Akzeptanz, Heilung

Negativ: unzuverlässig, Ungleichgewicht, Unterversorgung,

Abbruch, Ungeduld
Affirmation: Ich achte den Rhythmus in meinem Leben.

42. Die Triskele

KÖRPER, GEIST UND SEELE

„ALLES WAS NACH AUSSEN FLIESST, KEHRT IMMER WIEDER AN DEN ANFANG ZURÜCK."

Kleine Meditation
Stell dir vor, du kommst in den Tempel der Venus. Du gelangst durch ein heiliges Symbol in den Innenraum des Tempels. Dort wirst du bereits erwartet, um eine Einweihung in die heiligen Kräfte zu erhalten. Im Zentrum des Tempels brennen drei Flammen und um die drei Flammen befindet sich die Triskele. Ein Engel der Venus erwartet dich bereits. Du betrittst die erste Spirale der Triskele mit der ersten Flamme in blau. Die Spirale zieht dich in die Tiefe deines Seins. Sie verbindet dich mit deiner Intuition und deinem Instinkt. Alles wird in dem silber-blauen Licht aufgeladen. Langsam tauchst du wieder auf und die Flamme leuchtet schöner, klarer und reiner denn je. Du betrittst die nächste Spirale in goldgelb. Es zieht dich nach oben in das Sonnenlicht. Du badest im Sonnenlicht und das goldene Licht strömt über die höchste Ebene in dich hinein und weiter bis in die Tiefe deines Seins. Die goldene Flamme leuchtet hell und strahlend. Nun betrittst du die dritte Spirale in der Farbe rosa. Das rosa Licht breitet sich in alle Ebenen und Dimensionen aus. Du spürst das Gleichgewicht der Lichter von Sonne, Mond und Venus in dir. Die Dreifaltigkeit in dir. Du spürst die Verbundenheit und das Zusammenspiel. Die Triskele hilft dir, alle Ebenen in eine gleichmäßige Balance und in einen vollkommenen Energiefluss zu bringen. Spüre die Bewegung

und den ständigen Energiefluss. Wo was wegströmt, fließt Neues nach. Dein Engel übermittelt dir eine Botschaft und hilft dir in der Energiebalance.

Bedeutung der Karte
Die Triskele hat viele Bedeutungen und kann als heiliges Symbol verwendet werden, um das Gleichgewicht und die Balance sowie den perfekten Energiefluss der Kräfte in uns herzustellen. Sie kann den Energiefluss der Dreiheit in uns herstellen und harmonisieren. So zwischen Geist, Seele und Körper - Vater, Sohn und heiliger Geist - Mutter, Vater, Kind – Vergangenheit, Gegenwart, Zukunft – Schöpfen, Erhalten und Loslassen - Anderswelt, Menschenwelt, Himmelswelt - Hohes Selbst, Mittleres Selbst, Unteres Selbst .... Achte auf die Balance der drei Kräfte in dir. Verbinde deine Seele mit deinem Geist und deinem Herz. Lasse dir Zeit, im Einklang zu handeln und zu wirken. Handlungen, die aus der Einheit, aus der Ganzheit kommen, haben schöpferische Kraft.

Positiv: Einheit, Kreislauf, werden, sein und vergehen, Entfaltung, Handeln, Zyklen, Balance, Wachstum, Selbstermächtigung, Entwicklung, Entfaltung
Negativ: Konkurrenz, Machtkampf, Disbalance, Bewertung, einseitige Bewegungen
Affirmation: Ich öffne mich dem Weg der Erkenntnis und der Entfaltung. Ich empfange, ich nähre und ich gebe frei. Ich öffne und ich schließe mich im Rhythmus unserer Galaxie. Alles fließt. Ich vertraue dem Strom des Lebens, der gibt, trägt und zurücknimmt.

43. Venuszahl 72

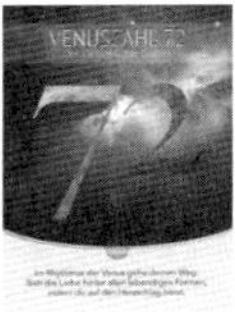

DIE LIEBES CODE GOTTES

„IM RHYTHMUS DER VENUS GEHE DEINEN WEG. SIEH DIE LIEBE HINTER ALLEN LEBENDIGEN FORMEN, INDEM DU AUF DEN HERZSCHLAG HÖRST"

Kleine Meditation

In deiner Vorstellung befindest du dich im Tempel der Venus. Ein Priester/eine Priesterin der Venus in einem wunderschönen Gewand berührt dich sanft, um dich in die kosmische Sichtweise einzuführen. Du siehst die Erde von oben. Ihre Kreisläufe und Zyklen. Du siehst Tag und Nachtgleiche im Frühling und im Herbst, die mit der Venus als Morgenstern und Abendstern einhergeht. Alle 72 Jahre wandert sie in 1 Grad durch den Tierkreis. In 25.920 Jahren hat sie alle Sternbilder durchlaufen. Die Zahl 72 ist die Code-Zahl oder der Schlüssel der Liebe und der Venus. Es gibt viele alte Hochkulturen, Weisheitsbücher und Geheimlehren dieser Welt, die den Venuscode in der Zahl 72 verschlüsselten, um die Liebe hinter allem Leben zu transportieren. Der Priester/die Priesterin berührt dich an der Stirn und im Herzen und mit einem Mal siehst und fühlst du den Herzschlag des Universums und erkennst die Liebe, die sich hinter allem Leben webt. Nimm dir nun einen Moment Zeit, um den Rhythmus der Venus in dir zu spüren. Stimme dich auf diesen Rhythmus ein. Es ist ein sanfter Rhythmus, der Herzschlag der großen Göttin, der dein Leben erfüllt. Fühle diesen Rhythmus immer mehr in dir und lass dich von diesem Rhythmus immer tiefer ins Zentrum des Universums tragen. Spüre den Herzschlag in allem und die Verbundenheit im Rhythmus des ewigen Lebens.

Bedeutung der Karte

Die Zahl 72 ist eine heilige Zahl. Sie enthält die Zahlen 12, 2 und 6, die ebenfalls Zahlencodierungen der Venus sind. 72 ist der Jahwe-Code, der Schlüssel in das Heim im Kosmos. Es gibt 72 geheime Namen Gottes, 72 Völker, 72 Verse, 72 Jünger, 72

Jungfrauen, 72 Engelnamen und viele weitere Hinweise. Die Zahl 72 ist die Code-Zahl oder der Schlüssel der Liebe. 72 ist der Rhythmus, Liebe ist der Herzschlag des Universums und das innere Zentrum des Lichtes. Da 72 mit dem Rhythmus der Venus verbunden ist und Venus die Liebe ist und damit die Kraft Gottes symbolisiert, die in der Quersumme 9 in die Ewigkeit und Unsterblichkeit führt, so zeigt sie den Weg der Liebe und der Wahrheit auf. Sie bringt die Balance und den Ausgleich der Kräfte. Die Zahl 72 kann in der Heilarbeit als Lichtcode verwendet werden.

Positiv: Herzschlag, Entschlüsselung, Lichtcodierung, Heilfrequenz, Anrufung, zeremoniell
Negativ: verschlüsselt, zum Machtaufbau angewendet, unterdrückt
Affirmation: Ich bin im Schutze der großen Liebe hier, mein lichtes Wesen ist ewig.

44. Das heilige Pentagramm

ÖFFNUNG IN DAS KOSMISCHE HERZ UND IN DIE WEISHEIT DER SEELE

„SCHUTZ UND STÄRKE. GEHE DEINEN WEG IN LIEBE"

Kleine Meditation
Nimm dir Zeit. Ziehe in deiner Vorstellung das Pentagramm um dich. Stelle dir einen Engel, ein Lichtwesen vor, das auf einer Farbe wirkt, die dir jetzt gut tut. Hülle dich ganz in die Farbe ein und verweile eine Zeit lang im Pentagram. Im Zentrum deines Herzens gibt es eine fünfte geheime Kammer. Du trittst ein in diese Kammer und entdeckst den göttlichen Mensch, der in einem perfekten Fünfstern aufgebaut ist und verbunden ist mit Venus, der Liebe, und Sonne, dem Licht, das er auf der Erde verkörpert. Spüre Aufladung der Liebe aus der Venus und das Licht der Sonne im Zentrum und wie du deine Schritte im Licht

der Liebe auf Erden wählst. Lass dich führen in jedem Schritt. Übe dich zu empfangen und dann umzusetzen.

Bedeutung der Karte
Der Auftrag des Pentagramms ist es, Licht und Liebe auf die Erde zu bringen in verschiedenen schöpferischen Akten. Durch den Geist und durch die Seele im Schoß einer Frau. Das Pentagramm bedeutet, Licht und Liebe auf der Erde zu sein. Durch schöpferische Gedanken das Licht auf der Erde in die Form bringen und gestalten. Das umgekehrte Pentagramm bedeutet eine Seele aus dem Licht in die Form zu gebären. Beide Schöpfungsakte wurden von Gott so gewollt. Das Pentagram erinnert dich an deine Heimat im Licht und an die Liebe, aus der du kommst.

Positiv: Schutz, göttliche Führung, Allverbindung, Allliebe, Verbundenheit
Negativ: Missbrauch, Trennung vom göttlichen Licht, Machtmissbrauch
Affirmation: Ich bin geschützt und geführt, in Licht eingehüllt, in Liebe getragen. Ich vertraue der göttlichen Führung. Licht und Liebe sind in mir und um mich herum.

45. Venusbalance

GERECHTIGKEIT - AUSGLEICH

„ALLES, WAS DU AUSSENDEST KEHRT ZU DIR ZURÜCK“

Kleine Meditation
In deiner Vorstellung begibst du dich an einen Ort, an dem du vollkommen sicher und geborgen bist. Du bewegst dich immer mehr in diesen geistigen Ort hinein. Der Pfad führt dich zum Tempel der Venus. Dort angelangt, kommst du über ein heiliges Symbol in der Mitte des Tempels an. Du wirst bereits von einem Lichtwesen erwartet. In Zentrum des Tempels sind

verschiedene Bereiche. Ein Bereich ist das Yin-Yang Zeichen. Brauchst du mehr Yin-Energie (Ruhe, Hingabe, geschehen lassen) oder mehr Yang-Energie (Aktion, Tat, Energie)? Weiter geht es in die Elemente Feuer, Wasser, Erde, Luft und Äther. Es führt dich zu dem Element, das nicht in der Balance ist. Weiter gibt es Bereiche mit verschiedenen Themen wie Selbstliebe, Nächstenliebe, Gottesliebe, Gesundheit, Glück, Wohlstand, Beruf, Urlaub, Weisheit, Weiterbildung, Familie, Freunde, Beziehung. Das Lichtwesen wird dich in die Bereiche führen, die aus der Balance geraten sind. Nimm dir Zeit. Stell dich neu auf. Höre auf den Rat des Lichtwesens. Was braucht jetzt deine Aufmerksamkeit und Fürsorge? Es führt dich ganz ins Zentrum hinein, so dass du wieder vollkommen in dir ankommst. Bedanke dich und komme aus dem inneren Raum in die äußere Welt zurück. Sortiere dich neu und erlaube, dass in deinem Leben alles ins Gleichgewicht und in die Balance kommt. Der Weg der Mitte, der Weg des Herzens.

Bedeutung der Karte
Ziehst du Venusbalance, so ist etwas in deinem Leben nicht im Gleichgewicht. Gab es etwas, das dich aus dem Gleichgewicht gebracht hat? Nimm dir Zeit für dich. Ziehe dich zurück oder gehe in die Natur. Schau, was du brauchst, um wieder in die Balance, in dein Gleichgewicht, in deine Mitte zu finden. Venus ist der Stern, der Ausgleich, Harmonie und Balance bringt. Wo bist du nicht in Balance? Welche Bereiche deines Lebens dürfen mehr balanciert werden? Wo ist ein Übergewicht, wo ein Untergewicht, wo ein Ungleichgewicht? Prüfe für dich die Bereiche.

Positiv: Balance, Ausgewogenheit, Gleichgewicht, Ruhe und Bewegung, Flow
Negativ: Ungleichgewicht, Unausgewogenheit, Einseitigkeit, Vermeidung
Affirmation: Ich ruhe in meiner Mitte. Ich balanciere mich zu meinem eigenen Wohl und zum Wohle des Gesamten auf perfekte Weise aus.

46. Tempel der Sonne

HOHES SELBST

„ICH BIN EWIG VERBUNDEN IN ALLEN DIMENSIONEN DES SEINS."

Kleine Meditation

Ein wunderschöner, goldener Lichtstrahl löst sich aus der Sonne, kommt auf dich hernieder und hüllt dich ganz und gar ein. Du bist von Licht erfüllt. Das Sonnenlicht verwandelt sich in violettes Feuer, um alle Schichten deines Seins gründlich zu reinigen. Jede Zelle wird umhüllt, durchlodert und befreit. Das Sonnenlicht lädt dich in den verschiedenen Farben des Regenbogens auf, so wie dein Energiefeld und deine Aura es benötigen. Bade, so lange du es brauchst, im Licht der Sonne und spüre, wie du immer heller, strahlender und leichter wirst. Langsam zieht es dich auf dem Strahl der Sonne nach oben. Höher und Höher. Du kommst auf eine andere Ebene. Leicht, licht, feinstofflich, in Farben schillernd nicht von dieser Welt. Ein wunderschöner, strahlender Bach schlängelt sich den Weg entlang. Du nimmst einen tiefen Schluck und spürst Lichtexplosionen in deinen Lichtbahnen. Dein Lichtkörper entfaltet sich immer mehr. Du kommst zu einem wunderschönen heiligen Ort mit Pyramiden und anderen vollkommenen Gebäuden. Ein Wächter begrüßt dich und führt dich in ein goldenes Gebäude. Hier wirst du bereits erwartet. Du kannst an diesem Ort mit den Meistern, den Engeln kommunizieren, dich schulen, einweihen und ausbilden lassen und über das höhere Selbst mit anderen Seelen kommunizieren. Lass dich führen. Bedanke dich für alles, was dir zuteil wurde. Verabschiede dich und spüre, wie du langsam wieder den goldenen Lichtstrahl hinuntergleitest, in der Mitte deines Herzens landest und wieder ganz hier ankommst.

Bedeutung der Karte

Der Tempel der Sonne ist nicht von dieser Welt. Er liegt in der ewigen Dimension deines Seins. Sein Licht berührt dich, erfüllt und führt dich, wenn du dich in diesem Licht ausrichtest. Hier empfängst du Segen, kannst dich mit deinem Seelenplan abgleichen, geschult und vorbereitet werden für irdische Ereignisse, die du zu meistern hast, und immer mehr mit dem verschmelzen, was du in Wirklichkeit bist: Licht von Licht.

Positiv: freundlich, sonnig, hilfsbereit, Lichtbringer, Lichtarbeit, harmonisierend, erhebend, erhellend
Negativ: weltfremd, abgehoben, überheblich, arrogant, gleichgültig, unnahbar, oberflächlich, Selbstüberschätzung
Affirmation: Die Sonne scheint in meinem Herzen. Der goldene Segen strömt in alles hinein, womit ich sichtbar und verborgen verbunden bin. Ich lasse den Segen strömen und fließen. Danke.

47. Tempel der Venus

IM RAUM DES HERZENS

„ENTFLAMME DAS FEUER IN DEINEM HERZEN, WERDE EINS MIT GOTT IN DEINEM HERZEN“

Kleine Meditation
Lege die Hände auf dein Herz. Fühle die linke Herzseite, die rechte Herzseite und die Mitte im Zentrum des Brustkorbes. Stell dir vor, du trittst durch ein Tor in den Raum deines Herzens ein. Das Tor ist ein Ausdruck der Mitte, da beide Seiten des Tores sich öffnen. Du bewegst dich immer tiefer in den Raum deines Herzens und kommst in eine wunderschöne, liebliche Landschaft, mit strahlend fließendem Wasser, auf deren Anhöhe sich ein Tempel befindet. Lass dir Zeit die Landschaft zu erkunden. Der Tempel ist der Weg in deine Mitte. Sei bereit, die Gottheit deines Herzens zu besuchen und sie kennenzulernen. Deinen inneren Meister, deine innere Meisterin. Der Tempel liegt in einem heiligen Symbol, das kann ein Kreuz, ein Stern,

ein Kreis sein. Er ist das Zentrum des symbolischen Mandalas, das in perfekter Harmonie und göttlicher Ordnung aufgebaut ist. Du betrittst einen kreisrunden Tempel, in dessen Mitte das ewige Licht leuchtet. Das Kuppeldach ist zum Himmel hin offen und brilliant leuchtend. Du sprichst ein Gebet, eine Anrufung, ein Dekret. Das Licht in der Mitte entflammt ausgelöst durch deine goldenen Worte. Die Gottheit erscheint im Zentrum deines Herzens. Nimm dir Zeit, Zwiesprache zu halten. Höre und sieh, was dir gezeigt und übermittelt wird. Tieferes, von Wärme, Geborgenheit und Harmonie strahlen des erfülltes Bewusstsein durchflutet den Innenraum und breitet sich in alle Richtungen weit in die Welt hinaus. Du kannst jederzeit an diesem Ort verweilen und die Flammen des Herzens so weit entzünden, dass Feuer, Flamme und Licht eins werden und immer mehr im göttlichen Sein aufgehen.

Bedeutung der Karte

Dein Herz ist der Kreuzungspunkt aller Ebenen. Das Licht des Hohen Selbst strömt in den Raum deines Herzens. In deinem Herzen bist du mit allen Ebenen des Seins verbunden und kannst die richtige Handlung finden, die Liebe bringt, Wärme spendet, Heilsam ist und berührend. Dein Herz kennt alle Antworten. Der Tempel der Venus ermutigt dich dazu, dein Herz immer wieder zu öffnen, zu vergeben, dich selbst mehr und mehr zu erkennen, dir treu zu sein, dich nicht mehr aufzugeben, die Wunden im Herzen zu heilen und dir die Liebe, die in deinem Herzen wohnt, nicht nehmen zu lassen. Der Tempel deines Herzens ist heilig, in ihm wohnt Gott, die Liebe und die Kraft des Universums.

Positiv: Wärme, Geborgenheit, liebevolle Ausstrahlung, heilende Frequenzen, Güte, Demut
Negativ: Selbstverliebtheit, Größenwahn
Affirmation: Gott in mir ist die Tür, die keiner zuschlagen kann. Gott ist Liebe, Liebe ist Gott. Ich bin Liebe. Ich gebe Liebe und ich empfange Liebe.

48. Tempel des Mondes

VERBORGENE ANTEILE DER SEELE

„ICH TAUCHE EIN IN MEINEN UNBEGRENZTEN WISSENSCHATZ MEINER SEELE"

Kleine Meditation

Das Licht des Mondes hüllt dich in einen zarten Mantel. Es wird Zeit, dich mit der Seele zu verbinden und dem Ruf des Mondes zu folgen. Du befindest dich an einem wundervollen türkisblau glitzernden Gewässer. Das Mond und das Sternenlicht spiegeln sich auf der Oberfläche. Ein Wesen des Wassers ruft dich zu sich. Du folgst seinem Ruf und steigst in das Gewässer. Das Wesen des Wassers trägt und begleitet dich zum Tempel des Mondes. Du schaust dich an diesem geheimnisvollen Ort um. Die Zeichen und Verläufe des Mondes sind eingraviert. Die Säulen sind an den jeweiligen Mondphasen ausgerichtet. In der Mitte leuchtet eine Flamme aus silbernem Mondlicht. Eine Frau in einem blauen Sternenmantel erwartet dich bereits. Stelle dich vor, begrüße sie und höre, was sie dir zeigen oder sagen möchte. Sie segnet dich und verstärkt die intuitiven Kräfte in dir. Sie übermittelt dir noch eine Botschaft für die kommende Zeit. Bedanke dich bei ihr. Dein Wasserwesen nähert sich dir. Es trägt dich wieder nach oben in den Raum deines Herzens. Du kommst ganz im Körper und im Hier und Jetzt an. Zu jeder besonderen Mondphase kannst du diesen wunderschönen Tempel aufsuchen.

Bedeutung der Karte

Der Tempel des Mondes führt dich in dein Unterbewusstsein und damit zum unbegrenzten Wissensschatz. In Schatten und in Licht. In Potenzial und in dein wahres Erbe. Er hilft dir, zu erlösen, Resonanzen zu erkennen und zu löschen, deine inneren Schätze zu bergen und sie der Welt zu offenbaren, dein wahres Erbe anzunehmen und in deiner Seele tiefe Heilung zu finden. Er verbindet dich mit den unbewussten Strömungen und verstärkt die Intuition in dir. Er lehrt dich im Rhythmus der Kräfte zu leben und dem Kreislauf des Werdens und Vergehens so zu lenken, dass er dir und allen, die mit dir sichtbar und verborgen verbunden sind, dient. Er verstärkt die Kraft der Träume und Visionen und zeigt dir Wege der Manifestation

Positiv: Intuition, Schutz, Erkenntnis, Einsicht, Umwandlung, Erlösung, positive Anwendung schöpferischer Kräfte, Potenzial, Lichterbe, Sensibilität, Empathie, Zugang zur Weisheit des Universums, mystisch, Zauberkraft, gefühlvoll, einfühlsam
Negativ: verträumt, abwesend, entrückt, verschlossen, in sich gefangen, ängstlich, verstört, bleich, unheimlich, kühl, abweisend, weltfremd, Selbsttäuschung
Affirmation: Meine Intuition ist stark und glasklar. Ich vertraue meinen Gefühlen und folge dem Weg meines Herzens. Ich weiß genau, was wann zu tun ist.

49. Kinder der neuen Zeit

EVOLUTIONÄRE ENTWICKLUNG

„EINTAUCHEN IN DIE FREIE ENERGIE DES KOSMOS"

Kleine Meditation
Mond und Venus leuchten auf deinem Erdenweg. Das Licht der Liebe führt dich zurück in deine Kindheit. Sieh dein inneres Kind. Was hat es begeistert? Was hat es mitgebracht? Wo wurde es nicht gehört? Wo wurde es nicht gesehen? Wo wurde der natürliche evolutionäre Impuls unterdrückt? Welche Glaubenssätze erlauben dir, nicht in deiner einzigartige Kraft zu erblühen? Nimm dir Zeit, lasse Szenen aus deiner Kindheit an dir vorbei ziehen. Was hättest du dir gewünscht? Was hättest du dir von den Menschen gewünscht, denen du dich so tief anver-

traut hast? Erlaube, dass die Venus zusammen mit der Sonne ihr Licht in all die unbewussten Speicher hineinlenkt, damit das Potenzial und die Lichtkraft des Inneren Kindes freigelegt werden. Erlaube dir zu heilen, dich auszurichten im Licht der Liebe und das in deinem Leben zu verwirklichen, was dein Herz zum Singen bringt. Lebe deine Träume. Nimm dir Zeit dein Inneres Kind wahrzunehmen, zu fühlen und zu heilen. Im Licht der Liebe kann alles Heilung, Balance und Ausgleich finden. Wenn du Kinder hast, höre ihnen zu, verbringe bewusst Zeit mit ihnen, unterstütze sie und gib ihnen das, was du dir von deinen Eltern als Kind gewünscht hättest.

Bedeutung der Karte
Entwicklung und Evolution hören nicht auf. Die Kinder der neuen Zeit wissen, dass sie Söhne und Töchter des Lichts sind. Ihre Würde ist unantastbar. Achten wir den schöpferischen und evolutionären Impuls der nachfolgenden Generation und das Kind in uns, das in vielerlei Hinsicht ebenfalls verkannt wurde. Erlauben wir neue Entwicklungen und helfen uns gemeinsam auf eine neue Entwicklungsstufe. Höre zu, öffne dich für die Seele der Kinder. Wir können viel von den Kindern der neuen Zeit lernen.

Positiv: neue Impulse, evolutionäre Entwicklung, neuer Zeitgeist, geistige Fähigkeiten
Negativ: Unterdrückung, systemkonform gehen, Vergiftung durch Medikamente, Zucker, Sucht, Zerstreuung, Unkenntnis
Affirmation: Mein Heim ist das Heim im Kosmos. Ich erkenne mein Potenzial und meine Fähigkeiten an und sage JA dazu.

50. Shambhala

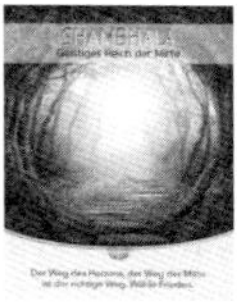

GEISTIGES REICH DER MITTE

„DER WEG DES HERZENS, DER WEG DER MITTE IST DER RICHTIGE WEG. WÄHLE FRIEDEN."

Kleine Meditation

Mache dich nun bereit für die Reise in die feinstofflichen Bereiche nach Shambhala. Nimm die Haltung eines Buddhas an. Spüre den Beobachter in dir. Sei wach, vollkommen gegenwärtig und da. Spüre, wie das Licht der Quelle aus der fünften Dimension in dich einströmt, dich reinigt von allen Identifizierungen, dich auflädt, alles segnet, was mit dir in Verbindung steht, und wie du immer mehr reines, klares, strahlendes Licht bist. Nimm den Juwel im Lotus wahr – OM MANI PADME HUM – die dreifältige Flamme im Herzen, die in rosa, gold und blau erstrahlt. Alle Farben leuchten im vollkommenen Gleichgewicht. Deine Engel und geistigen Helfer verstärken das Licht in dir und um dich herum. Fühle den goldenen, elektronischen Lichtstrom aus der Quelle, der sich wie ein goldener Mantel einhüllt und dir die Anpassung an die immer höher steigende und schnellere Schwingung erleichtert. Es zieht dich mehr und mehr in die Lichtstätte von Shambhala. Du betrittst eine der ältesten und prächtigsten Lichtstätten, die pulsiert in ihrer reinen und klaren Lichtausstrahlung. Shambhala hat seine Tore weit geöffnet und Segen strahlt aus den höchsten Welten in unsere Welten. Es ist ein Ort des Friedens, der Ruhe, der stillen Glückseligkeit und heiteren Gelassenheit. Ein Lichtwesen von Shambhala begrüßt dich mit den Worten „Sei willkommen Tochter, Sohn des Lichtes, in diesem Reich und vollständig eingehüllt in die reinsten Liebeskräfte des Universums." Du wirst zuerst in das Zentrum geführt. Ein Kraftpunkt in vollkommener Ausgewogenheit und Balance mit dem Universum. Der mächtige Elektronenstrom in deinem Sein verstärkt sich. Du spürst diesen Strom des Lichts um dich und in dir. Unermessliche Liebeskräfte berühren dich bis ins Innerste. Atme in sie hinein und erlaube, dass dein Herz sich noch weiter öffnet und dehnt. Im Innersten deines Herzens öffnet sich das kosmische Herz, das im Einklang mit dem Lichtzentrum der Zentralsonne schwingt. Ein mächtiger Impuls öffnet diesen inneren Raum so weit, dass die Liebesstrahlung aus deinem Herzen in und um die gesamte Erdenwelt und in alle Ebenen des Seins hineinstrahlt. Wellen von Licht erreichen die Herzen, die empfangsbereit sind, und die Qualitäten des Lichts dehnen sich aus. Mitgefühl, Friede, Güte, Glückseligkeit, Wahrhaftigkeit, bedingungslose Liebe, heilende Frequenzen werden in die noch verschlossenen Räume der Einheit gesendet. Spüre, wie sich die Bereiche langsam öffnen. Dein höheres Selbst lenkt das Licht der Liebe in alle Bereiche, die noch im Dunkeln sind. Spüre diese mächtigen Lichtimpulse und den Segensstrom, der verstärkt in alles hineinströmt, was mit dir verbunden ist. Spüre, wie sich die dunklen Schleier der Illusion lichten und sich die Begrenzungen und Beschränkungen immer mehr auflösen. Du erhältst eine Unterweisung, eine Übung, eine Übermittlung von einem Meister/einer Meisterin von Shambhala. Der Mittlere Pfad hat keinen Anfang und kein Ende, daher müssen wir nicht sehr weit auf ihm gehen, um Frieden zu finden. Der Mittlere Pfad ist nicht nur der Weg zum Frieden, er ist ebenso der Weg des Friedens. Dieser Pfad ist sehr sicher und es ist angenehm, darauf zu gehen. Bedanke dich, wenn du merkst, dass es Zeit ist, zurückzukehren und spüre, wie du wieder ganz ankommst und die Ströme der Liebe, des Lichts und des Segens weiterhin in dir fühlst.

Bedeutung der Karte

Shambhala ist eine im Feinstofflichen gelegene Lichtstätte über der Wüste Gobi. Sie ist das älteste, größte und prächtigste geistige Lichtreich der Erde. Shambhala wurde damals in den feinstofflichen Bereich erhoben. Sanat Kumara, der in der barmherzigen Liebe von der Venus zur Erde kam, und der kosmische Rat hielten die Schwingung der Liebe und des Mitgefühls. Buddha Gautama verkörpert die Ausgewogenheit und Ausgeglichenheit des Mittleren Weges. Wir können uns auf der geistigen Ebene und in der Meditation mit Shambhala verbinden, um dort geschult, unterrichtet und in den Weg des Friedens und der Liebe eingeweiht zu werden.

Positiv: Frieden, Ausgeglichenheit, Balance, Geduld, Ausdauer, Glückseligkeit
Negativ: weltfremd, abwesend, unterdrückte Emotionen, Bewertung, Verurteilung
Affirmation: Ich wähle den Weg der Mitte. Frieden, Liebe und Glückseligkeit verstärken sich immer mehr in mir. Mögen alle Welten und alle Wesen glücklich sein. Sai ram.

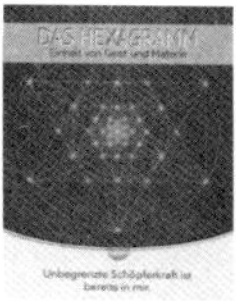

51. Hexagramm

EINHEIT VON GEIST UND MATERIE

„UNBEGRENZTE SCHÖPFERKRAFT IST BEREITS IN MIR."

Kleine Meditation

Spüre die Sonne des Geistes, das ewige Licht in dir. Spüre das Wasser des Mondes, die unbegrenzte Quelle in dir. Fühle, wie sich Sonne und Mond, Feuer und Wasser in dir vereinen zu einem Hexagramm. Das Lichtwasser zirkuliert in dir und lädt dich auf. Im Zentrum von Sonne und Mond leuchtet in der Mitte ein Licht, das immer stärker wird und pulsiert im Rhythmus des Universums. Es ist, als ob der Lotus auf dem Wasser bestrahlt vom Licht der Sonne erblüht und das Juwel im Innersten des Lotus das innere, ewige, göttliche wahre Wesen freigibt. Es fängt immer mehr an zu strahlen und sich auszurichten im unbegrenzten Liebesfeld der Schöpfung. 7 – Alle sieben Chakren, Ebenen, Dimensionen beginnen zu leuchten. 2 – Die Polaritätseinheit, die Vereinigung von Feuer und Wasser, männlich und weiblich, yin und yang geschieht in dir. 72 – der Schlüssel der Venus, öffnet den Raum der Schöpfung. Bewege dich immer tiefer in den Kern deines wahren Wesens hinein. Verschmelze mit ihm und lausche, was es dir sagen, zeigen oder mitteilen möchte. Vertraue dem inneren göttlichen Wesen. Was ist deine Vision? Was ist dein tiefer Herzenswunsch? Konzentriere dich in diesem Licht der Einheit auf deinen Wunsch. Stell dir eine Kugel von rosa-goldenem Licht vor, in dem dein Herzenswunsch immer deutlicher wird und mit diesem Licht aufgeladen wird, bis du ein Zeichen erhältst, dass es gut ist. Dann lass die Kugel los. Stell dir vor, wie sie in das Universum hinaufsteigt und immer mehr Energie anzieht. Sei dir gewiss, der Same ist gesetzt. Er wird aufgehen.

Bedeutung der Karte
Das Hexagramm ist der sechszackige Stern. König Salomon verwendete dieses Symbol, um über 72 Genien zu bestimmen. 72 ist die Zahl der Venus, der Code des Paradieses, in der Liebe. 7 ist die Dimension der Liebe. 2 ist die Zahl der Göttin und der Polaritätseinheit von Liebe und Licht. Weiter enthält das Hexagramm alle Elemente und ist das Symbol der Seele und der Vereinigung von Geist und Materie. Das obere Dreieck steht für das Element Feuer, das untere Dreieck für das Element Wasser. In der Vereinigung stehen sie für das ewige Leben und für den „Stein des Weisen." Damit für das Juwel im Lotus, das ewige Lichtwesen und die schöpferischen Kräfte in uns. Im Herzen kommen Feuer und Wasser zusammen und ergeben zusammen den Lebensimpuls. Wir sind in Form gebrachte Ewigkeit. Konzentriere dich auf das ewige Wesen in dir. Was ewig ist, hat Bestand. Lass dich nicht von den Schleiern der Maya trügen. Schaue hinter all die Schleier in das Licht und du siehst die Wahrheit. In unserer Welt gibt es viel Betrug, Täuschung und Illusionen. Liebe hat alle Zeit der Welt. Nur der Teufel hat es eilig. Wenn dich jemand überreden möchte, oder

eine wichtige Entscheidung ansteht, so schlafe mindestens eine bis drei Nächte darüber und warte, bis du ein deutliches Zeichen erhältst.

Positiv: Stabilität, Nektar des Himmels, Selbstermächtigung, Sammlung, Innenschau, Meditation, Lichtaufladung, Einsicht, Klarsicht, Wahrheit, Herzhören, fühlen
Negativ: ausnutzen, Missbrauch der spirituellen Energie, Irrglaube, Ausbeutung, Anhaftung, falschen Lehrern folgen, Energieraub
Affirmation: Wunder geschehen. Wünsche werden wahr. Ich vertraue der schöpferischen Kraft, die alles erschafft und in mir wohnt. Dies oder noch etwas viel Besseres geschieht jetzt in meinem Leben. Danke. Amen in Liebe.

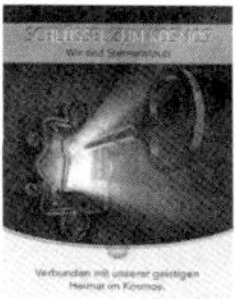

52. Schlüssel zum Kosmos

WIR SIND AUS STERNENSTAUB

„VERBUNDEN MIT UNSERER GEISTIGEN HEIMAT IM KOSMOS.“

Kleine Meditation

Verbinde dich mit dem goldenen göttlichen Kind in dir. Lege deine Hände auf den Bauch und stell dir vor, wie dein inneres Wesen seine Hände in deine Hände legt. Wie geht es dir mit dir selbst? Komme immer mehr in die Verbindung mit dir selbst, mit deinem wahren Wesen. Fühle dich und nimm dich wahr. Sage deinem Sonnenkind, dass du es liebst und achtest. Dein Sonnenkind symbolisiert das ewige Wesen in dir. Stell dir nun vor, wie sich dein höheres Selbst mit dem Sonnenkind verbindet und wie du immer mehr in das Licht gezogen wirst, in deine wahre, reine Lichtnatur. Stell dir vor, wie dir ein Schlüssel überreicht wird, der Schlüssel zu deinem Heim im Kosmos. Du schließt das Tor auf und kommst immer mehr zu dir nach Hause. In dein wahres Sein, in deinen wahren Ursprung. Du wirst bereits erwartet. Deine ganze Seelenfamilie hat sich versammelt. Lass dir Zeit. Spüre, wie dein wahrer Ursprung sich mit deiner jetzigen Inkarnation verbindet und das Licht der Liebe einströmt. Wo immer du bist, kannst du dich in dem Sternenlicht, aus dem du kommst, baden.

Bedeutung der Karte
Woher komme ich? Was ist mein wahrer Ursprung? Kennst du das Gefühl, hier nicht wirklich zu Hause zu sein, oder den Gedanken, im Krankenhaus versehentlich vertauscht worden zu sein? Unsere Seele kennt ihr Zuhause. Wenn ein Teil inkarniert, geht er durch die Schleier des Vergessens und fällt in die Illusion der Maya. Es wird Zeit, die Schleier zu lüften, deiner Seele zu folgen und dich mit deiner wahren Heimat im Licht zu verbinden. Du bist unermesslich geliebt, kannst dich jederzeit aufladen und dich lösen aus den Feldern, mit denen du dein Wesen identifiziert hast. Dein Leben hat einen tieferen Sinn. Erkenne dich selbst. Du kannst mit deinem Sein diese Welt verändern.

Positiv: verbunden, geliebt, getragen, geführt, voller Freude, von innen angeleitet, Allverbundenheit, aus der inneren Kraft leben, Befreiung, Glückseligkeit
Negativ: Einsamkeit, verloren sein, sich getrennt fühlen, sich nicht spiegeln können, sich anders fühlen als andere, Fremde, Sinnlosigkeit
Affirmation: Ich habe Gedanken, doch ich bin nicht meine Gedanken. Ich habe Gefühle, doch ich bin nicht meine Gefühle. Ich habe einen Körper, doch ich bin nicht mein Körper. Ich verbinde mich mit meiner wahren Essenz und lebe, wozu ich gekommen bin. Ich bin göttlich geführt.

53. Altar des Herzens

WEG DER MITTE. DAS SECHSTE ELEMENT IST DIE LIEBE.

„IM ZENTRUM DEINES SEINS LIEGT DER BEGINN DER SCHÖPFUNG"

Kleine Meditation

Nimm das Lichtfeld der Venus um dich herum wahr, das Pentagramm. Du bist ein Fünfstern bestehend aus den fünf Elementen. Am Kopf befindet sich Element Äther, Licht. Linke Hand Wasser, rechte Hand Luft. Linker Fuß Erde, rechter Fuß Feuer. Alle Elemente fließen in deiner Mitte im sechsten Element der Liebe in Einheit in dir zusammen. Nun bewege dich immer mehr in deine Mitte, in dein Zentrum hinein. In das Heiligste Zentrum deines Herzens. Dort befindet sich eine Erhöhung, ein Hügel, ein Altar. Der Altar der Liebe im Zentrum deines Seins. Hier strömt das Licht ein und alle Elemente fließen zusammen. Atme ein paar mal in diesen heiligen Raum und nimm die Liebe, den Altar des Herzens, den lebendigen Puls der Schöpfung wahr, ohne den kein Leben möglich wäre und das Licht sich nicht manifestieren könnte. So stehst du vor dem Altar deines Herzens. Was liegt auf dem Altar? Mit was bist du im Lichte verbunden? Welche Kräfte befinden sich auf deinem Altar? Was opferst du? Was gibst du ? Lasse dir Zeit, den Altar deines Herzens wahr zu nehmen. Dein liebendes Lichtwesen, das Wesen der Venus erscheint in seinem zarten, blühenden Gewand. Es hilft dir den heiligsten Raum in die göttliche Ordnung zurück zu bringen. Falls du dich selbst opferst, so nehme dich jetzt vom Kreuze. Stelle eine Schale mit Wasser, in der sich das göttliche Licht spiegeln kann, auf den Altar der Liebe. In das Wasser legst du eine wunderschöne Blüte, die sich dem Licht öffnet und ihren Duft der Liebe verströmt, höre den Klang der Liebe in dir. Spüre die heilsame Kraft des Lichtwassers in dir, das sich jetzt in dich ergießt, alles reinigt, alles in eine sanfte Bewegung bringt und mit jedem Pulsschlag, alles in dir reinigt, auflädt und erneuert. Verweile noch etwas am Altar der Liebe, in deinem heiligen Schöpfungsraum und sei mit dem zarten, liebenden Lichtwesen, das in dir wohnt zusammen.

Bedeutung der Karte
Das sechste Element ist die Liebe, ist der Puls des Lebens der alle Form bewegt und damit den Energiefluss, aller Ebenen und die Verbindung aller Zellen herstellt. Der Altar des Herzens und der Liebe liegt im Zentrum allen Seins. Er ist der Puls des Lichtes, der Wellen erzeugt die weit in das Universum hinein klingen und alles anzieht, was wir im Leben brauchen. Verbinde dich immer stärker mit dem Zentrum deines Herzens. Mit dem Altar der Liebe. Richte dir zu Hause, im Zentrum einen Altar ein, als Erinnerung, dass göttliche, geistig und seelische Kräfte in dir wirken, die dich führen, anleiten und begleiten aus dem inneren Raum. Du bist göttlich geführt. Wende dich immer wieder nach innen, und richte dich in deinem Zentrum aus, um zu beten, Zwiesprache mit dem göttlichen in Dir zu halten, dich zu verbinden und den inneren Impulsen zu folgen.

Positiv: Führung von Innen, Verstärkung der Liebes,- und Heilwellen in dir, Liebeskraft, Verbindung zur stofflichen und zur geistigen Welt, Einheit, Glück, Freude, Verbundenheit in dieser wie in der inneren Welt. Heiligtum, Heiligkeit des Lebens, Lebendigkeit, Vitalität, Lebenskraft
Negativ: Nicht verbunden sein, Nicht an das Licht der Liebe in sich glauben, sich nicht fühlen und wahrnehmen, nur ins Außen starren, ohnmächtig, taub, leer, unerfüllt, kalt, starr
Affirmation: Am Altar der Liebe, erfahre ich alles was für mich und mein Leben wichtig ist. Ich bin heiliger Raum. Ich bin Licht. Ich bin Liebe. Ich vertraue auf mich selbst und die lichten Impulse der geistigen Welt, dich mich beschützt und begleitet wo immer ich bin.

54. MER-KA-BA

DAS VOLL ENTWICKELTE LICHT-SYSTEM IM MENSCHEN

„ERWACHE IM LICHTE DER LIEBE, IM ALL EINS SEIN"

Kleine Meditation

Nimm dir Zeit. Verbinde dich mit deinem Geist. Atme drei mal in deinen Geist und nimm seine Energie wahr. Wie fühlt sich dein Geist an? Ist er weit oder eng? Hell oder dunkel ? Wo nimmst du die Kraft des Geistes in dir wahr? Licht reines Licht, das sich überall und in alles hinein bewegen kann. Frei, weit, hell. Nimm dir Zeit. Verbinde dich mit deiner Seele. Atme mindestens drei mal tief in deine Seele. Nimm Kontakt mit ihr auf. Wie fühlt sie sich an? Ist sie leicht oder schwer? Wo sitzt sie? Die Seele ist verbunden mit allem Sein. Fühle nun Geist und Seele in dir. Wie sind sie verbunden? Wo überschneiden sie sich? Wo nicht. Nun atme in deinen Körper. Nimm deinen Körper wahr. Gibt es Stellen, die leicht sind? Gibt es Stellen die schwerer sind? Gibt es Blockaden? Stellen, die schmerzen? Nun bitte Geist und Seele, sich vollkommen zu verbinden, eine Einheit zu werden. Atme drei mal Tief durch alle Ebenen und spüre wie sich alles verbindet und anhand der göttlichen Matrix ausrichtet. Fühle nach. Was hat sich verändert? Wie fühlst du dich jetzt im Vergleich zu vorher?

Bedeutung der Karte

MER / SONNE (LICHT / GEIST) - KA / VENUS (LIEBE / HERZ) - BA / MOND (FÜHRUNG / SEELE) Die Merkaba ist unser Lichtsystem, das alle Ebenen in uns in Einklang bringt und miteinander verbindet. Der Geist schwingt sehr schnell, da er nicht gebunden ist. Die Seele schwingt langsamer, denn sie verarbeitet, spürt und setzt um. Wenn Körper, Geist und Seele nicht in Balance sind, werden wir krank. Die meisten Krankheiten kommen aus der Seele. Wenn die Seele nicht mehr will, kann der Geist machen was er will. Im Einklang der Ebenen in uns kommen wir in die Balance, Ausgeglichenheit und Freude. Dies bedeutet zu entschleunigen, sich Zeit zu nehmen nachzufühlen, auch mal eine Nacht vor wichtigen Entscheidungen darüber zu schlafen. In der Nacht gleicht sich die Seele mit höheren Ebenen ab und sendet uns Zeichen und Botschaften. Wir sind verbunden mit allem Sein. Je mehr wir im Einklang, mit allen Ebenen wirken, desto erfüllter, gesünder und glücklicher sind wir selbst. In dem wir aus dem Einklang wirken, haben unsere Worte und Handlungen Kraft. Wir sind authentisch, indem was wir sagen oder tun und verbunden mit allem Sein.

Positiv: Einklang, Lebensfreude, Führung, getragen sein, synchronisation
Negativ: Ungleichgewicht, die eine Hand weiß nicht was die andere tut, Missklang, Unstimmigkeit, nicht verbunden sein mit sich selbst
Affirmation: Sonne, Venus und Mond sind im vollkommenen Einklang. Ich achte auf die Balance zwischen Geist, Körper und Seele. Ich bin im Gleichgewicht mit mir Selbst. Ich vertraue auf mich selbst und bin liebevoll und zärtlich mit mir.

55. 11:11

EINTRITT IN DAS INNERSTE

„ENERGIETOR - GÖTTLICHE SELBST GÖTTLICHES TIMING. SYNCHRONIZITÄT."

Kleine Meditation

11:11 Das Tor vieler Tempel, ist in der 11:11 aufgebaut. 11:11 ist der Eintritt in das Innere. 11 - Außen – Innen. Doppelpunkt : Punkt unten – Herzensraum – Punkt oben – Licht, Geist, Gott, 11 Innen – Außen. Der Körper ist der Tempel deiner Seele. Im Altarraum deines Tempels, im Raum deines Herzens, findet eine Synchronisität mit höheren Ebenen statt. Deine innere Führung, sendet dir ein Zeichen, dass das was gerade in deinem Leben geschieht, wichtig für deinen Seelenweg ist. Übe wo immer du bist und was immer du auch tust, dich von dem äußeren Raum in den inneren Raum zu bewegen. Innen und Außen, gleichzeitig wahrzunehmen. Dies kannst du auch mit offenen Augen, im Hier und Jetzt tun und wenn du im Gespräch bist. Verschiebe einfach deine Aufmerksamkeit, von deinem denkenden Verstand, in dein Herz und von der äußeren Welt, in die Innere Welt und erlaube dir beides gleichzeitig wahrzunehmen. Während du diese Zeilen liest, spüre in dich hinein. Spüre das Licht deines Geistes (Sonne), deinen Körper, dein Herz und die Empfindungen, die gerade jetzt in dir sind (Liebe, Herz,) und deinen Bauch (Mond, Intuition), du kannst kurz die Hand auf deinen Bauch legen. Kehre während du im Außen, deinen Tätigkeiten weiter nach gehst, immer mehr in den heiligen Raum deines Herzens ein. Nimm deinen Herzensraum wahr und deine Empfindungen. Bitte die Meister und Engel, das Zeichen und die Botschaft, die sie dir gerade übermitteln deutlicher und klarer werden lassen. Du wirst göttlich geführt.

Bedeutung der Karte

Die Zahl 11 ist eine der Meisterzahlen. Sie steht für die Meisterschaft, Erleuchtung, Polaritätseinheit, Spiritualität, Erwachen. Die 11:11 ist eine Öffnung, in den inneren Raum, oder in andere Dimensionen und Ebenen des Seins. Sie weist auf Spiritualität, Erleuchtung und einen Ausgleich der Gegensätze. Beispiele für Gegensätze sind männlich und weiblich, aktiv und passiv, Liebe und Angst. Wann immer du die 11:11 siehst weißt du, das die geistige Welt der Meister und Engel, dir etwas übermitteln wollen, oder das der Impuls, der gerade in deinem Leben ist, der Gedanke, der Mensch, das Gespräch, das Zeichen, ... für dich von Bedeutung ist. Du erkennst die Meister und die Engel daran, das es weit, lichtvoll, frei, leicht, freudvoll, hell ist. 11:11 kann auch auf Kontakt zu anderen Dimensionen hinweisen. 11:11 ist der Eintritt in das Innerste, eine Botschaft aus dem Allraum, eine Botschaft der Liebe. Ein Zeichen des spirituellen Wachstums. Achte auf die Synchroniszität. Zeichen, Zahlen und Botschaften, die dir das Universum über viele Ebene sendet.

Positiv: Innere Kraftquelle, Verbundenheit, Erkenntnis, Erleuchtung, Gotteserfahrung, Zeichen, Überwindung der Polarität, Synchronizität mit höheren Ebenen

Negativ: Rückzug, Verhaftet sein, Unkenntnis, Fehlinterpretation, kein Bezug zu sich und der Welt, Aberglaube, Wunschdenken, falsche Vorstellungen

Affirmation: Mein intuitives Denken wird immer klarer. Ich höre die Gedanken Gottes und empfange die Zeichen und Lichtimpulse im gegenwärtigen Augenblick.

Danksagung Anita

Ich danke Jeanne Ruland von ganzem Herzen, dass dieses einzigartige und wundervolle Kartenset durch uns geboren werden durfte. Es ist mir eine große Ehre und Freude, mit dir zusammen zu arbeiten. Du bist ein Segen und eine Bereicherung für diese Welt. Danke für deine Freundschaft und deine Begleitung auf all unseren Wegen. Möge dieses Kartenset viele Menschen bereichern und inspirieren. Weiters möchte ich mich noch bei unserem gesamten Team bedanken, das mich bei allen Umsetzungen unserer Werke unterstützt. Ein ganz besonderer Dank gebührt unserer Grafikerin Stephy Brennsteiner, die unsere Ideen für dieses Kartenset so kreativ umgesetzt hat. Tausend Dank an meinen Mann und meine Familie, die mich tagtäglich mit ihrer Liebe und Arbeit unterstützen. Ihr seid mein Segen und meine Liebe.

Anita Schickinger

Danksagung Jeanne

Ich danke Anita und Erwin Schickinger von Herzen für das Seminarzentrum Lebensraum, das uns vor etlichen Jahren zusammengeführt hat. Gemeinsam auf dem Weg in eine neue Zeit, verbunden mit der Geistigen Welt, verwirklichen sich viele Träume und Ziele. Es ist wunderbar zu beobachten, wie der Same der neuen Zeit auf ganz unterschiedliche Weise jetzt zur vollen Blüte gelangt. Danke für alles, was durch euch beide in die Welt gehen kann. Danke für die wunderbare Zusammenarbeit und dieses wunderschöne Mondkartendeck. Danke an das gesamte Team, das zur Entstehung und Verbreitung des Kartendecks beiträgt. Möge es viel Segen bringen und die Wege der Seele nähren und näher beleuchten. Mögen wir einen tiefen Zugang zu unserem wahren Potenzial finden und gemeinsam das goldene Zeitalter des Friedens, jeder in seiner Einzigartigkeit und Schwingung, einläuten. Mahalo an diese großartige Schöpfung und alle Spirits, die uns von der anderen Seite begleiten und unterstützen. Lange vorbereitet sind die Erkenntnisse, die zu uns kommen. Segen für uns alle. Mögen alle Welten und alle Wesen glücklich sein.

Jeanne Ruland

Über die Autorin und Lebensberaterin Anita Schickinger

Anita Schickinger ist Geschäftsführerin im Lebensraum, leitet den Lebensraum Verlag und veranstaltet gemeinsam mit ihrem Mann Vorträge und Seminare mit weltbekannten und erfolgreichen Autoren in vielen Ländern. Sie ist Mutter dreier Kinder, Lebensberaterin, Autorin und hat die Mondaspekte ins Leben gerufen. Ihre Weblogs und Beiträge auf Facebook erreichen täglich eine große Anzahl an Menschen. Über die Mondaspekte hat sie auch ein Buch und ein Kartenset veröffentlicht sowie das gemeinsame Kartendeck Mondbotschaften der Seele mit Jeanne Ruland.

Mehr Infos: www.mondaspekte.at

Über die Autorin und Seminarleiterin Jeanne Ruland

Jeanne Ruland ist eine der bekanntesten Bestseller Autorinnen im deutschsprachigen Raum. Sie ist Mutter von drei Kindern, Engelmedium, Huna-Lehrerin, Seminar- leiterin und internationale Reiseleiterin für spirituelle Reisen zu den verschiedensten Themen. Sie unterrichtet Natur-, Engel, Strahlen- und Meisterlehren, Huna und Heilige Geometrie.

Mehr über Jeanne Ruland: www.shantila.de

Das magische Buch der Mondaspekte von Anita Schickinger

A 20,00 EUR
D 19,50 EUR
CH 22,50 CHF

ISBN: 978-3-903034-07-5

Kartenset´s

A 24,00 EUR
D 23,50 EUR
CH 27,00 CHF

ISBN: 978-3-903034-22-8

A 24,50
D 24,00
CH 27,50

ISBN: 978-3-903034-52-5